WertVoll

durch Zerbruch

Denise Breuer

Wie Gott aus den Scherben meines Lebens
ein Gefäß zu seiner Ehre schuf

DEUTSCH

Tom Bremer

Europe Teen Challenge

Die meisten der heute verfügbaren Statistiken zeigen, dass Kinder, die in missbräuchlichen Situationen aufwachsen, ein schwieriges Leben vor sich haben. Der von Kindern erlebte Missbrauch erzeugt einen starken Gegenwind auf dem Weg zu einem ausgeglichenen und „normalen" Erwachsenenleben. Die Prognose für eine gute psychische Gesundheit ist selten positiv. Dennoch bietet die Geschichte – die Geschichte von Denise –, die auf den folgenden Seiten beschrieben wird, viel Hoffnung für alle, die in der höllischen Folter des Missbrauchs gefangen sind oder waren.

Ich habe 40 Jahre lang sowohl direkt als auch indirekt mit Suchtkranken gearbeitet. Ein gemeinsames Merkmal in der Geschichte so vieler Süchtiger ist der Missbrauch in der Kindheit – in der Regel durch „wichtige Bezugspersonen". Verbaler, körperlicher, emotionaler und sexueller Missbrauch zielen alle darauf ab, die Chance auf ein gesundes und erfülltes Erwachsenenleben zu zerstören.

Jeder Missbrauch reißt Fäden aus den Nähten des Lebens und führt dazu, dass sich alles auflöst und auseinanderfällt.

Missbrauch geht auch über Generationen hinweg durch die Familien und die Gesellschaft. In der Beratungswelt wird gelegentlich gesagt: „Verletzte Menschen verletzen Menschen". Dies ist der bösartige und zerstörerische Kreislauf, der sich von einer Generation zur nächsten fortsetzt. Die meisten Missbrauchstäter haben selbst Missbrauch erfahren. Ich habe nur eine Möglichkeit gesehen, diesen Teufelskreis zu beenden.

Als ich die Seiten von Denises Geschichte las, kam mir ein weiterer wichtiger Gedanke: wie ungeheuer wichtig die Rolle der Vaterschaft für die Entstehung gesunder Erwachsener ist. Durch das Auseinanderbrechen der Familien, vor allem in den westlichen Kulturen, wachsen ganze Generationen junger Menschen ohne Vater im Haus auf. Viele Kinder sind gezwungen, ihre Kindheit aufzugeben und elterliche Rollen zu übernehmen. Manche Kinder rebellieren gegen jede Autorität. Manche Kinder verstecken sich und andere suchen nach Wegen, den Schmerz zu lindern – Drogen, Alkohol, Sex usw. – , den die Verlassenheit mit sich gebracht hat. Dies ist sowohl für die Familien als auch für die Gesellschaft nachteilig. Es entsteht eine gesellschaftliche Abwärtsspirale, deren Ende nicht in Sicht ist.

Aber die Geschichte in diesem Buch handelt nicht von Missbrauch. Es ist auch keine Abhandlung über Vaterschaft. Vielmehr geht es um die Heilung und die Hoffnung, die das Ergebnis der Erlösung sind – einer Erlösung, die auf dem Glauben an Jesus Christus beruht.

Wenn wir über Erlösung nachdenken, sind einige Dinge überdeutlich. Erstens verfolgt Gottes fleischgewordenes Wort, Jesus, die verlorenen, einsamen und verletzten Menschen dieser Welt. Er jagt uns nach und wünscht sich sehnlichst, dass jeder, der an ihn glaubt, von ihm erlöst wird. Er verfolgt uns alle auf vielerlei Weise. Manchmal geschieht es durch Umstände oder ein Ereignis, das einen bleibenden Eindruck in unserem Leben hinterlässt. Oft geschieht es aber auch durch andere, die Erlösung erfahren haben.

Die zweite Sache, die durch den Prozess der Erlösung deutlich wird, ist, dass Gott andere Menschen benutzt, um den Weg zu Hoffnung und Heilung zu zeigen. Die Geschichte von Denise ist keine Ausnahme. Inmitten der scharfen Kanten des Schmerzes in ihrem Leben hatte sie Hoffnungsschimmer durch Menschen – eine liebende Großmutter, einen bereits erlösten Chef – und später durch die Arbeit in einer Organisation, die den Prozess Gottes durch die menschliche Geschichte kennt. Gott benutzt Menschen, um den Weg zu zeigen. Der Schreiber des Hebräerbriefs drückt es so aus: *„Schaut auf Jesus, den Urheber und Vollender unseres Glaubens“* (Hebräer 12,2). Wenn wir unseren Blick vom Abfall des Lebens auf den Erlöser richten, finden wir Hoffnung, Heilung und Erlösung. Mit der Zeit bewirkt er, dass wir geistig gesund, seelisch ausgeglichen, körperlich gesund, sozial angepasst und geistlich lebendig werden! Er wird zum „Vater für die Vaterlosen“ (Psalm 68,5).

Denises Geschichte hat mein Leben berührt und mir erneut bestätigt, was ich inzwischen glaube: Es gibt einen Erlöser – einen Liebhaber meiner Seele, der mir nachgeht. Meine Hoffnung – und ich bin sicher auch die von Denise – ist, dass alle, die diese Seiten lesen und Verletzungen, Missbrauch, Leere und Einsamkeit erleb(t)en, diese Hoffnung entdecken werden!

Vielleicht hast du, liebe Leserin, lieber Leser, ähnliche Ereignisse erlebt, wie sie auf den folgenden Seiten beschrieben werden, und du fühlst eine Art von Beziehungs- und Gefühlslähmung, die einem zugefrorenen See ähneln könnte. Denk daran, liebe Leserin, lieber Leser, dass es unter all dem Eis immer Leben gibt! Unser Erlöser sieht dieses Leben und bewirkt ein großes Tauwetter, um die Härte wegzuschmelzen. Das Leben sprießt hervor! Das Leben von Denise ist der Beweis für dieses große Tauwetter. Dieses Buch dokumentiert das. Der Erlöser hat das Eis zum Schmelzen gebracht und tut es auch weiterhin, und Denises pulsierendes Leben ist für uns alle sichtbar, die wir das Privileg haben, sie eine Freundin zu nennen.

Man könnte fragen: „Warum ein solches Buch schreiben?“ Die Antwort auf diese Frage findet sich im Buch der Psalmen.

In Psalm 107 heißt es:

1) *Danket dem Herrn, denn er ist gut, denn seine Liebe währt ewig!*

2) ***Das sollen die Erlösten des Herrn sagen, die er aus der Not erlöst hat …***

Warum also eine solche Geschichte schreiben? Weil die Erlösten des Herrn es sagen sollen!

Tabitha Hess

Wie schön, dass dieses Buch dich gefunden hat!
Bestimmt kein Zufall.

Ich möchte dir kurz erzählen, wie es dazu kam dieses Buch auf den Weg zu bringen:
Ich habe Denise auf einer Fastenwoche kennengelernt. Eines Abends erzählte sie aus ihrem Leben und ich bekam eine Ahnung davon, welcher Weg hinter ihr lag, was sie durchgemacht hat. Und doch hätte ich nie gedacht, dass eine solche Geschichte hinter dieser Frau steckt. Ihr fröhliches, unverblümtes Wesen, so offen, direkt, feinfühlig und voller Humor, hätte das nicht ahnen lassen. Ich konnte sehen, dass sie Jesus kennt und ihn von Herzen liebt.

Und dann diese Geschichte!
Wie ist das möglich?

Ich bin in einem christlichen Elternhaus aufgewachsen und meine Kindheit und Jugend war das Gegenteil von dem, was Denise erlebte.
Wo wäre ich heute mit ihrer Geschichte? Den schmerzhaften Erlebnissen? Den Verletzungen und Demütigungen, die sie erlebt hat?

Wahrscheinlich könnte Gott mir gestohlen bleiben. Tat er aber nicht! Er kam, hat sich ihrer liebevoll angenommen und Stück für Stück Heilung und Wiederherstellung, Schönheit und Identität geschenkt. Eine Zukunft möglich gemacht, die ihr ihren vollen Wert zurückgegeben hat. **WertVoll durch Zerbruch.** So ist Gott. Mit diesem Selbstwert habe ich Denise kennengelernt. Wer ihre Geschichte liest, wird feststellen, dass Gott die Narben veredelt hat, die sie trägt. Sie kennt den Jesus, den auch ich kenne, wenngleich aus ganz verschiedenen Perspektiven. Aber wir teilen den tiefen Wunsch, Menschen angenommen, geliebt und geheilt zu sehen.

Vielleicht kennst du die japanische Kunstform Kintsugi. Es bedeutet „goldenes Zusammensetzen" und ist eine Reparaturtechnik, bei der Keramikstücke wieder zu einem neuen Ganzen zusammengefügt werden – die „Narben" werden anschließend mit echtem Gold bedeckt.

Ein wunderschönes Bild für den Heilungsprozess.

Es gibt Hoffnung für zerbrochene Herzen. Es gibt deinen ganz eigenen, persönlichen Weg der Wiederherstellung. Es ist möglich, aber nur mit Gottes Hilfe.

Er heilt, die zerbrochenen Herzens sind, er verbindet ihre Wunden.
Psalm 147,3

Wir haben dieses Buchprojekt gemeinsam realisiert, damit du durch die Geschichte von Denise ermutigt wirst, Hoffnung schöpfst für dein eigenes Leben und Jesus begegnest. Er will alle Bruchstücke einsammeln und liebevoll zusammensetzen. Und alles vernarbte wird er „vergolden". Es ist vollbracht!

Das wünsche ich dir von Herzen!

NOCH EINE BITTE ...

Wenn du beim Lesen feststellst, dass die persönlichen, schmerzhaften Geschehnisse, die hier erzählt werden, dir zu nahe gehen – lege das Buch getrost zur Seite!

Oder blättere ganz ans Ende der jeweiligen Sprache, dort findest du eine Liste mit Adressen, an die du dich wenden kannst, wenn du Hilfe suchst.

– * Kennzeichnet einen Zeitsprung im Ablauf der Geschichte.

– Die Namen der Personen wurden geändert.

01

Die frühen Jahre

DIE FAMILIENGESCHICHTE

Meine Mutter wurde 1937 in einer mittelständischen Familie im Mittleren Westen der USA geboren. Sie liebte ihren Namen Theresa besonders, weil die heilige Theresia, die Karmeliterin oder besser bekannt als die „kleine Blume Jesu", ihre Lieblingsheilige war. Sie war das jüngste von vier Kindern, kannte aber ihre beiden älteren Brüder kaum, da diese praktisch schon erwachsen waren, während meine Mom als das Nesthäkchen der Familie aufwuchs. Gérard, ihr ältester Bruder, war 15 Jahre älter, Antoine ein Jahr jünger als er, und selbst ihre Schwester Juliette war immer noch zwölf Jahre älter als sie selbst. Meine Mutter sagte oft, sie habe das Gefühl, zwei Mütter gehabt zu haben, da Juliette viele Mama-Aufgaben für ihre kleine Schwester übernahm.

Alle ihre Geschwister schlugen erfolgreiche Berufswege ein. Gérard wurde Zahnarzt und Kieferchirurg, Antoine machte als erfolgreicher Geschäftsmann in Chicago Karriere, und Juliette schaffte es bis zur hochrangigen Führungskraft im Pentagon. Aber von den vier Kindern war meine Mutter der Augapfel ihres Vaters – er liebte und schätzte sein glückliches Bündel Freude.

Moms Vater stammte aus einer hoch angesehenen Einwandererfamilie aus Frankreich. Sie hatten sich zunächst in Kanada niedergelassen, zogen aber im Laufe mehrerer Generationen allmahlich nach Süden und wohnten schließlich nicht weit von der kanadisch-amerikanischen Grenze. Moms Dad war ein äußerst strenger Mann mit einer herrschsüchtigen Persönlichkeit. Wegen seines kontrollierenden Verhaltens sehnte sich meine Mutter nach Unabhängigkeit und einem eigenen Leben. Eine Heirat erschien ihr als Ticket in die Freiheit und einzige Möglichkeit, von zu Hause wegzukommen. Sie wünschte sich eine große Familie, weil sie Kinder liebte.

Mom war eine attraktive Brünette mit tiefbraunen Augen und einem hellen Teint. Während der High School verliebte sie sich in den Mann ihrer Träume. Auch er schien sie innig zu lieben, war aber noch nicht bereit, sich niederzulassen. In den Augen meiner Großeltern kam der Mann aufgrund seiner italienischen Herkunft sowieso aus der falschen Ecke und deshalb nicht in Frage. Er hatte dann auch seine eigenen Pläne, ging zum Militär und ließ meine Mutter sitzen. Als meine Mutter in der Grundschule gewesen war, war sie manchmal weinend nach Hause gekommen. Auf dem Heimweg von der Schule hatte ihr ein großer Junge Schneebälle ins Gesicht gerieben. Im Laufe der Jahre tat er ihr auch andere gemeine Dinge an. Derselbe Junge fing oft kleine Tiere ein und quälte sie zu Tode. Diese und andere beunruhigende Verhaltensweisen hätten meine Mutter alarmieren und warnen müssen. Doch es sollte noch schlimmer kommen: Jahre später heiratete sie ihn ...

*

Mein Vater, genannt Johnny, wurde 1930 als Sohn fleißiger, erstaunlich gutmütiger und selbstloser Eltern geboren. Mein Großvater väterlicherseits war ein freundlicher und großzügiger Mann. Meine Großeltern bewirtschafteten einen großen Garten und teilten die reichlich vorhandenen Erzeugnisse mit vielen anderen Menschen. Ihr Keller war mit Obst- und Gemüsekonserven stets gut gefüllt. Sie waren ebenfalls französische Einwanderer und sehr stolz auf ihr Erbe. Zu Hause wurde oft Französisch gesprochen. Papa hatte eine Schwester; die beiden waren sich allerdings nur altersmäßig nahe. Seine Schwester heiratete einen angesehenen Manager von Standard Oil; sie lebten in einem charmanten Vorort außerhalb von Chicago.

Dad liebte die Natur sehr; er war Jäger und Angler. Er mochte es auch, auf den Großen Seen zu segeln und war ein versierter Taucher. Diese Leidenschaften verhalfen ihm zur Entdeckung lang gesuchter Schiffswracks. Er liebte Abenteuer und körperliche Herausforderungen. Auch war er ein ausgezeichneter Tänzer und nahm oft an Tanzwettbewerben teil, die er mit seiner Schwester als Tanzpartnerin gewann. Er war tatsächlich ein gutaussehender Mann mit dunklem Haar und dunkelbraunen Augen, man könnte ihn als einen Casanova bezeichnen.

Kein Wunder, dass Mom seinem Charme verfiel, als sie sich im Jahr 1954 wiedertrafen, diesmal auf einer Silvesterparty. Einen Monat später hatten sie einiges zu erklären. Mom war erst siebzehn, als die beiden ihren Eltern mitteilen mussten, dass sie schwanger war. Mein Großvater erlitt einen Herzinfarkt. (Dieser erste Infarkt beschädigte sein Herz so sehr, dass er leider einige Jahre später an einem kranken und gebrochenen Herzen verstarb.) Er war am Boden zerstört und konnte nicht begreifen, wie seinem kleinen Mädchen so etwas hatte passieren können. Damals war es ein Skandal, ein uneheliches Kind zu haben. Es brachte große Schande über die Eltern des Mädchens. Die beiden Elternpaare zwangen die jungen Leute zur Heirat, obwohl sie sich kaum kannten!

PINE STREET

Ich, Denise, wurde im Jahr 1957 geboren. Als ich fünf war, zogen wir in ein zweistöckiges Haus mit fünf Schlafzimmern, das meine Eltern gekauft hatten, in einer Stadt zwei Autostunden nördlich des Ortes, an dem meine Eltern geboren und aufgewachsen waren. Es lag in einem alten Stadtteil in einer angenehmen Nachbarschaft. Das große und geräumige Wohnzimmer mit Kamin wurde in ein Schlafzimmer für meine Eltern umgewandelt, während das Esszimmer zu unserem Wohnzimmer wurde. So hatten wir genug Schlafzimmer für die Eltern und uns Kinder; ich hatte am Ende sechs Geschwister. Wir hatten einen weitläufigen Garten mit vielen großen Bäumen, von denen die gewaltige alte Eiche mein Lieblingsbaum war. Von meinem Schlafzimmerfenster aus konnte ich auf den See schauen. Ich liebte sein kühles, kristallklares Wasser.

Eines Tages, als ich mit meiner Nachbarin Laura spielte, kam ihr Vater von der Arbeit nach Hause. Sie freute sich so sehr, ihn zu sehen, dass sie ihm in die Arme lief. Er warf sie hoch in die Luft und fing sie dann wieder auf. Sie war ganz aufgeregt und quietschte vor Freude. Noch nie hatte ich etwas so Schönes zwischen einer Tochter und einem Vater erlebt. Ich beobachtete es schweigend und versuchte zu begreifen, was sich da vor meinen Augen abspielte. Sie lief so selbstbewusst in seine Arme, weil sie wusste, dass sie bei ihm in Sicherheit war, dass er ihr nicht wehtun würde. Sie freute sich wirklich! Er wiederholte diesen Spaß immer und immer wieder.

In mir stieg das Verlangen auf, ebenfalls in die Luft geworfen zu werden. Kaum hatte ich diesen Gedanken zu Ende gebracht, da schaute Lauras Daddy mich an und fragte, ob ich auch einmal drankommen wolle. Ich war sprachlos und brachte nur ein Nicken zustande. Er nahm mich in seine kräftigen, aber sicheren Arme und schleuderte mich hoch in die Luft. Nun lachte und quietschte auch ich vor ausgelassener Freude. Noch nie hatte ich so viel Spaß gehabt! Dann setzte er mich sanft auf meinen Füßen ab. Ich war fassungslos. *So machen das also andere Väter mit ihren Kindern*, dachte ich. Starke Arme, die Freude bereiten, nicht Schmerz. In diesem Moment verstand ich zum ersten Mal, dass das, was Papa mit mir machte, nicht normal war. Was er tat, erfüllte mich mit Schmerz und Angst – so viel Angst, dass ich zu stammeln und zu stottern begann. Und ich war nicht die Einzige in unserer Familie, die in Angst lebte.

PFARREISCHULE

Ich wurde in die erste Klasse einer kirchlichen Schule in unserer neuen Stadt eingeschult. Es handelte sich um einen großen Komplex und bestand aus einer Privatschule (erste bis achte Klasse), einem Kloster für Nonnen, die unterrichteten (obwohl sie nicht als Lehrerinnen ausgebildet waren), einem Haus für Priester, welche die Messe hielten, und einem neuen Kirchengebäude, das mein Vater mit aufgebaut hatte.

Wir mussten in der Schule Uniformen tragen. Mädchen trugen karierte Trägerkleider, weiße Blusen und marineblaue Kniestrümpfe, während die Jungen in marineblaue Hosen und hellblaue Hemden gekleidet waren.

Im Winter gehörte der Schnee zu unserem Alltag. In den frühen Morgenstunden hörte ich oft die großen Schneepflüge unsere Straße rauf- und runterfahren, und danach folgten die kleinen Schneepflüge auf den Gehwegen. Wir hatten oft sehr starken Schneefall. Der Fußweg von zu Hause zur Schule betrug einen guten Kilometer. In den frostigen Wintermonaten kamen wir oft mit rosig-roten Wangen und verfrorenen Beinen in der Schule an. Wohlhabendere katholische Kinder wurden von ihren Eltern chauffiert und stiegen aus schönen Kombis. Wie sehr ich sie beneidete!

Viele Kinder wohlhabender katholischer Familien besuchten die kirchliche Schule. Als meine Eltern später geschieden wurden, durften wir sie kostenlos besuchen. Der Monsignore, der die Einrichtung leitete, war ein freundlicher Mann und hatte Mitleid mit meiner Mutter. Nicht alle teilten die christliche Nächstenliebe des Monsignore. Einige Leute zeigten subtil ihre feindselige Haltung und Verachtung gegenüber meiner Familie, weil sie der Ansicht waren, wir gehörten nicht dazu. Es war ziemlich eindeutig, dass wir nicht erwünscht waren.

Erst später erfuhr ich, dass der folgende Vorfall einer der Gründe dafür war: Unglaublich früh an einem bitterkalten Wintermorgen war meine Mutter zur Kirche gelaufen, um an der Morgenmesse teilzunehmen. Jemand fuhr sie nach Hause, denn sie war ganz und gar durchgefroren. Sie behauptete, Mutter Maria habe ihr gesagt, sie solle zur Frühmesse gehen. Ich verstand nicht, warum das verpönt sein sollte und machte mir nicht viel daraus. Erst später wurde mir das Unerhörte dieses Vorfalls klar und warum die Leute flüsterten und uns anstarrten, wenn sie uns sahen. Wir waren das Gesprächsthema der Stadt. Obwohl es in der katholischen Kirche schon schlimmere Vorfälle gegeben hatte, reichte es natürlich aus, dass sich alle den Mund darüber zerrissen, wenn eine Frau im tiefsten Winter barfuß und im Nachthemd zur Morgenmesse lief ...

SCHWESTER MARIE MARSHA

Als ich in der zweiten Klasse war, hatten wir eine wunderbare Lehrerin namens Schwester Marie Marsha, die uns in Religion unterrichtete. Sie war für mich der einzige Lichtblick in der Schule. Zu jedem war sie freundlich, und ich fühlte mich in ihrer Nähe geborgen. Vor ihr musste ich nicht zittern. Sie half mir, aufrecht dazustehen, anstatt mit ängstlich gesenktem Kopf.

Eines der vielen Dinge, die ich an ihr bewunderte, war, dass sie für das eintrat, woran sie glaubte. Es war ihr z. B. gelungen, die Verantwortlichen davon zu überzeugen, Bibeln für die Kirchenbänke und die Klassenzimmer zu kaufen. (Zu ihrem Leidwesen hatte allerdings jemand eine Übersetzung gewählt, mit der sie nicht glücklich war. Die Mutter Maria wurde darin als junge Frau und nicht als Jungfrau bezeichnet.)

Als sie eines Tages in die Klasse kam, um Religion zu unterrichten, wirkte sie anders. Sie sagte uns, wir sollten unsere Religionsbücher weglegen. Sie wolle uns erklären, was es bedeute, ein Christ zu sein. Sie schockierte uns, denn sie sagte, nur weil wir katholisch seien, seien wir noch lange keine Christen. Sie erklärte uns weiter, man sei nur dann ein Christ, wenn man Jesus um Vergebung für alle Sünden gebeten und ihn als Retter ins eigene Herz eingeladen habe. Sie sagte uns, dass wir freigesprochen und von Gott angenommen würden, weil Jesus am Kreuz für uns gestorben sei, aber wir müssten uns entscheiden, ihn als unseren Herrn und Erlöser anzunehmen. Dies, und nicht die religiösen Sakramente, mache uns zu Christen; unsere Wahl und unsere Entscheidung sei es.

Sie nahm sich Zeit und erklärte es uns gründlich. Wow, das machte alles so viel Sinn für mich! Ich wusste, dass sie uns die Wahrheit sagte. Und ich glaubte ihr.

Dann bat sie uns, die Augen zu schließen, den Kopf auf den Tisch zu legen und über das alles nachzudenken. Sie ermutigte uns, Jesus in unser Herz einzuladen und unser Retter zu sein. Sie tat dies mit Klarheit und Präzision.

Ich wusste genau, dass ich kein Christ war. Und ich wusste, dass ich es tun würde ... eines Tages ... Zuerst wollte ich Spaß haben. Ich dachte, Gott sei ein Spaßverderber. Also beschloss ich, dass ich kurz vor meinem Tod Jesus anrufen würde, damit er mich rette. Dann könnte ich für immer mit ihm im Himmel leben. Es gab nur ein Problem bei meinem Plan: Was wäre, wenn ich in eine Art Unfall verwickelt würde? Von diesem Tag an kannte ich nicht nur den Weg der Erlösung – ich beschloss auch, auf meinem Fahrrad unglaublich vorsichtig zu sein ...

Kurze Zeit später wurde bekannt, dass Schwester Marie Marsha ihre Tätigkeit als Nonne beendet und die Schule verlassen hatte. Doch eines schönen Tages kam sie uns in der Pause auf dem Spielplatz besuchen. Ich war böse auf sie. Ich dachte, sie hätte aufgehört, Gott zu lieben. Doch sie erklärte mir, dass sie Gott immer lieben würde, aber dass ihr bestimmte Dinge wichtiger seien, als eine Nonne zu sein. Ich wusste, dass es etwas mit dem zu tun hatte, was sie uns über das echte Christsein erzählt hatte.

In der katholischen Schule und in der Kirche wurde uns beigebracht, dass wir die einzig wahren Christen seien. Dass Jesus dem heiligen Petrus die Schlüssel zur Kirche übergeben habe und dass er der erste Katholik gewesen sei. Meine Nachbarin Laura war anderer Meinung, und wir stritten uns manchmal darüber, wer ein wahrer Christ sei. Sie lud mich in ihre lutherische Kirche ein und erklärte mir, dass auch sie Christen seien.

Als ich in der ersten Klasse war, machte uns die Nonne (unsere Lehrerin) mit Kindern aus unseren verschiedenen Nachbarschaften bekannt. Sie stellte mich Becky und Jill vor und erklärte mir, dass wir Freundinnen werden könnten, und damit war aus ihrer Sicht die Sache beschlossen. Sie verfolgte unsere Fortschritte und fragte später nach, ob wir ihrem Rat gefolgt seien.

Becky und ich freundeten uns schnell an und gingen an wärmeren Tagen gemeinsam zur Schule und wieder zurück. An kalten, stürmischen Wintertagen allerdings brachten ihre Eltern sie mit dem Auto zur Schule.

Beckys Eltern besaßen ein erfolgreiches Baugeschäft und hatten ein wunderschönes, geräumiges Haus. Das Treppenhaus war mit edlem, dunklem Holz getäfelt und das Geländer aus demselben luxuriösen, schweren Holz gefertigt. Ich liebte es, in diesem Haus zu sein. Ich genoss die geordnete, saubere, schön eingerichtete und dekorierte Umgebung. Genau wie ich hatte auch Becky sechs Geschwister.

Ich verbrachte viel Zeit in Beckys Haus. Manchmal, besonders im Winter, wenn die Tage kürzer waren und die Dämmerung früh einsetzte, schaute ich auf dem Heimweg in die Fenster anderer Leute – nicht aus Neugier, sondern mit einem Blick voller Sehnsucht nach Schönheit und Ordnung. Wie sehr sehnte ich mich danach, einfach eine „normale" Familie zu haben. Aber ich wusste, dass meine Familie nicht normal war. Ganz im Gegenteil. Papa verletzte uns, missbrauchte uns sexuell und schadete unserer Mutter.

SCHWESTER AUGUSTA ROSE

In der Schule und in der Kirche wurde mir beigebracht, dass die Nonnen mit Jesus verheiratet seien. Sie hätten keine Ehemänner, weil Jesus ihr Lebensgefährte sei. Oft empfand ich tiefe Trauer um Jesus, weil er mit solchen Frauen verheiratet war …

Im Besonderen betraf dies Schwester Augusta Rose. Sie war groß und knochig. Ihre skelettartigen Hände sahen aus, als habe man die Haut direkt über die Knochen gespannt. In ihrem schwarz-weißen Habit war sie wahrhaftig eine Erscheinung. Gleich als sie zum ersten Mal unser Klassenzimmer betrat, bemerkte sie, dass ich stotterte.

Von diesem Tag an, schikanierte und beschimpfte sie mich und sagte mir vor all meinen Mitschülern gemeine Dinge. Natürlich wurde mein nervöses Stottern in ihrer Gegenwart nicht gerade besser, ganz im Gegenteil. Sie wusste, dass ich sie fürchtete, und das schien ihr besonderen Auftrieb zu geben, ja, sie hatte geradezu Freude an meiner tiefen Angst. Ich fühlte mich ausgeliefert und von ihr gefoltert, wie ein gefangenes, verwundetes Tier.

Da ich Denise heiße, sagte sie, dass das Einzige, was ich gut könne, sei, meine Ds zu schreiben, weil ich genug Übung darin hätte. Mein Nachname begann ebenfalls mit einem D. Sie nannte mich „Dummes D".

Wir mussten in der Klasse oft aufstehen, wenn wir einen Text vorlesen sollten. Wenn ich an der Reihe war, befahl sie mir, noch ehe ich ein paar Worte hervorgebracht hatte: „Setz dich, Dummes D!" Mit ihren langen, knochigen Fingern pickte sie wie ein Specht auf meinen Kopf und sagte: „Kapier's endlich, Mädchen!" Das schmerzte – körperlich und seelisch. Manchmal machte sie eine schnappende Geste direkt vor meinem Gesicht und sagte: „Ergreif das Wissen!"

Viele Jahre lang glaubte ich, dass ich ein „Dummes D" sei. Ich dachte mir: „Warum soll ich es überhaupt versuchen?" Ich konnte nicht gut lesen und hasste es wegen meines Stotterns, wenn man mich im Unterricht zum Lesen aufforderte. Aufgrund meiner unterdrückten Seele nahm ich eine schlechte und gebeugte Haltung ein. Wäre ich ein Hund gewesen, hätte ich unterwürfig meinen Schwanz zwischen die Beine geklemmt. Die Schule war eine Tortur für mich. Ich lebte für die Sommerferien und konnte sie jedes Mal kaum erwarten.

Aber Gott hatte einen Plan für mich, auch wenn ich ihn noch nicht kannte …

Jeden Tag demütigte Schwester Augusta Rose mich auf die eine oder andere Weise und versetzte mich in Furcht und Schrecken. Es fühlte sich an, als würde sie tagein, tagaus das Leben aus mir heraussaugen, indem sie mich auf alle meine Schwächen hinwies. Sie hinterließ in mir ein außerordentlich geringes Selbstwertgefühl. Jedes Mal, wenn ich sie sah, wurde ich ein nervöses Wrack. Mein Herz schlug mir bis zum Hals, und meine Handflächen wurden unkontrollierbar feucht. Ich war ihr gefangenes Tier, das sie zur Schau stellte.

Nein, ich mochte diese Schule nicht – ich verabscheute sie zutiefst!

Meine Freundin Jill hatte ihre ganz eigene Vorstellung davon, wie man mit Schwester Augusta Rose umgehen müsse. Jill war furchtlos und riet mir, die Autorität der Schwester durch Auslachen zu untergraben. Sie hatte leicht reden, denn sie wurde nie schikaniert. Ihre Familie besaß ein erfolgreiches italienisches Restaurant in der Stadt und lud die Schwestern manchmal zum Essen ein. Es wäre der Lehrerin nicht im Traum eingefallen, Jill zu schikanieren. Wenn ich nur den Mut meiner Freundin und den Einfluss ihrer Eltern gehabt hätte …

Diese Erfahrungen machten mich immer mehr zu einem ängstlichen Kind, sowohl zu Hause als auch in der Schule. Ich schämte mich, weil ich verspottet wurde, und fühlte mich schließlich ganz und gar hoffnungslos. Der einzige Ort, an dem ich mich sicher und geborgen fühlte, war im Wald oder an meinem geliebten Lake Superior[1].

Schließlich konnte ich die Demütigungen in der Schule nicht länger ertragen und beschloss, es meiner Mutter zu sagen. Ich erzählte ihr alles.

Eines Tages kam unser Monsignore unangekündigt ins Klassenzimmer. Sofort standen wir alle auf und begrüßten ihn in gewohnter Manier. Die Schwester war erstaunt, ihn zu sehen, aber auch sie begrüßte ihn, mit den Worten: „Was verschafft mir die Ehre?"

Er ging in den Gängen zwischen den Tischen auf und ab und suchte nach mir. Ich wagte jedoch nicht aufzusehen.

---

[1] Der **Obere See** (englisch ***Lake Superior***; französisch ***Lac Supérieur***) ist der größte der fünf Großen Seen Nordamerikas sowie das nach dem Kaspischen Meer flächenmäßig zweitgrößte Binnengewässer der Erde und damit der flächenmäßig größte Süßwassersee … – Wikipedia, 13.04.2023

Plötzlich blieb er an meinem Schreibtisch stehen und fragte, ob ich Denise D. sei, worauf ich schüchtern mit Ja antwortete. Er sprach eine Weile mit mir – auf eine freundliche und sanfte Art. Er fragte, ob ich gut behandelt würde. „Ja, alles ist gut", log ich. Er ging noch einen Schritt weiter und sagte, ich solle ihm sofort Bescheid sagen, wenn ich jemals schlecht behandelt würde, und dass ich ihn jederzeit besuchen könne, wenn ich wollte. Ich bemerkte, dass er bei seinen Worten Schwester Augusta Rose anschaute. Er tätschelte mir den Kopf und warf ihr einen vielsagenden Blick zu.

Von diesem Tag an wurde es besser. Trotzdem wurde ich nie gleichberechtigt behandelt, dafür sorgte die Schwester schon. Wenn wir zum Beispiel in den Pausen Völkerball spielten, war ich immer die Letzte, die ausgewählt wurde – niemand wollte mich in seiner Mannschaft haben. Es war genau anders herum wie in meiner Nachbarschaft, wo ich immer als Erste ausgewählt wurde und die Beste war, wenn es um Sport ging. In meiner Nachbarschaft war ich häufig Kapitän der Mannschaft und wählte die Kinder für mein Team aus. Jeder wollte in meiner Mannschaft sein, die oft gewann. Meine Freunde aus der Nachbarschaft gingen auf eine öffentliche Schule gleich um die Ecke. Ich habe mich oft gefragt: *Warum ist es in meiner Schule genau umgekehrt?* In meiner Nachbarschaft war ich eine Gewinnerin, aber in meiner Schule eine Verliererin.

MS. WHITE

Ms. White war in der Schule für die Ausgabe des warmen Mittagessens zuständig. Sie war eine freundliche ältere Frau, mollig und mit silbergrauem Haar. Jeden Tag stellte sie am Eingang des Speisesaals einen Tisch auf. Alle Kinder hatten Essensmarken, die in alphabetischer Reihenfolge sortiert waren. An Ms. Whites Tisch bildete sich immer eine lange Schlange, wenn die Karten der Kinder oder ihrer Familien gelocht wurden.

Oft hatten die Kinder Briefumschläge mit Geld von ihren Eltern dabei. (Ich kann mich nicht erinnern, jemals solch einen Umschlag dabei gehabt zu haben.) Ms. White füllte dann eine neue Karte aus und warf die alte weg. Ich schämte mich so sehr, als die Karte meiner Familie schließlich mit so vielen Löchern übersät war, dass man durch sie hindurchsehen konnte.

Eines Tages fragte ich sie, warum meine Familie nie eine neue Karte bekam. Sie zögerte und gab mir ein Zeichen, in der Schlange weiterzugehen. Am nächsten Tag hatte meine Familie eine neue Karte. Wie froh war ich darüber! Sie gab mir das Gefühl, wie die anderen privilegierten Kinder zu sein. Damals hatte ich noch keine Ahnung, dass wir in der Schule ein Fall für die Wohlfahrt waren. Ich habe Ms. Whites Freundlichkeit nie vergessen.

Eines Tages wandte sich mein jüngster Bruder Jeff an meine Mutter und sagte: „Ich gehe dort nicht mehr zur Schule!“ Als sie ihn fragte, warum, antwortete er: „Alle sind gemein zu mir.“ Ohne weitere Diskussion meldete sie ihn an der öffentlichen Schule an, die nur eine Straße weiter war. Ich fragte mich: *Warum ist mir das nicht eingefallen?* Ich war neidisch, aber auch stolz auf meinen kleinen Bruder. Er wusste, wann es genug war, und entkam der Hölle. Im Gegensatz zu meinem Bruder kam es mir nie in den Sinn, meiner Mutter einfach zu sagen, dass ich nicht mehr in diese Schule gehen wollte.

ELTERNABEND

Eines Tages brachte ich eine Einladung zum Elternabend mit nach Hause. Meine Mutter war noch nie bei einer solchen Versammlung gewesen. Sie war misstrauisch. Ich wusste, dass es einiger Überzeugungsarbeit meinerseits bedurfte, um sie zur Teilnahme zu bewegen. Aber ich ließ nicht locker und überzeugte sie nach und nach. Schließlich gab sie nach und willigte ein, mitzukommen. Wir liefen gemeinsam zu meiner Schule. Ich war so froh, dass sie zu meinem ersten Elternabend kam.

Wir fanden Plätze und ließen uns schnell nieder. Hinter uns saß ein Mitschüler mit seiner Mutter und seinem Vater. Er begrüßte mich und wir unterhielten uns eine Minute lang. Er stellte mir seine Eltern vor, woraufhin ich sie meiner Mom vorstellte. Seine Mutter war sehr hübsch und hatte ihre Haare schön frisiert. Ihr Make-up war perfekt, und sie war sehr modisch gekleidet. Es machte mir Spaß, sie anzuschauen, und ich war erstaunt, dass von Kopf bis Fuß alles an ihr harmonierte. Ich wünschte, ich könnte sie noch einmal sehen.

Ich warf einen Blick zu meiner Mutter hinüber. Alle hatten ihre Mäntel und Jacken in der Garderobe aufgehängt, aber meine Mutter behielt ihren schwarzen Mantel an. Ich bemerkte, dass er einen langen Riss unter der Achsel hatte. Mir fiel auch auf, dass ihre Handtasche mit einer großen Sicherheitsnadel zusammengehalten wurde.

Während des ganzen Abends presste meine Mutter ihre Hände so fest zusammen, dass ihre Knöchel weiß wurden. Mir wurde bewusst, wie unwohl ihr zumute war. Ich fühlte mich schrecklich, weil ich sie überredet hatte, mitzukommen. Als alles vorbei war, drängte Mom darauf, sofort zu gehen.

Sie wollte sich nicht mit den anderen Eltern unterhalten, die höflich plaudernd kleine Gruppen gebildet hatten. Ich verstand das. Ich wünschte mir so sehr, dass meine Mutter mehr auf sich achten würde. Ich wollte, dass sie attraktiv aussah und sich in der Öffentlichkeit wohlfühlte. Eigentlich war sie eine hübsche Frau; aber sie war so niedergeschlagen und entkräftet.

Als ich das nächste Mal eine Einladung zum Elternabend erhielt, sagte ich meiner Lehrerin, dass meine Mom nicht teilnehmen könne. Sie ermutigte mich, die Einladung zunächst mit nach Hause zu nehmen und meine Mutter selbst entscheiden zu lassen. Aber ich sagte ihr, ich wisse bereits, dass sie nicht teilnehmen könne. Nie wieder würde ich sie dem aussetzen, was so unangenehm für sie gewesen war. In Zukunft würde ich sie beschützen ...

02

Meine großherzige Mutter

Ich sehne mich, es zu erzählen

Ich sehne mich, es zu erzählen
Es sollte gesagt werden, doch wem?
Wie wir Waisen wurden
Von dem Leben, das er scheibchenweise tötete
Sie war so oft verstört
gequält von Sorge
Das Leben gab ihr keine Gunst
beugte sich ihren Träumen nicht
Eine traurige Story – so traurig
Doch erzählt werden muss sie
selbst wenn niemand sie anhört
wenn niemand so kühn ist.
Treu bei ihr stehend
Waren wir doch nur Kinder
Was sollten wir tun?
Sie starb Stück für Stück
mit ihrer Hoffnung
Schmerz und Sorge schüttelte sie nicht ab
wie man eine Grippe hinter sich lässt
Eine großzügige Dame –
gebeugt, beschämt, missbraucht
Wie mein Herz über sie weint
Mutter! Mutter!!! Ich wünschte, es wäre nicht wahr!
Ich sehne mich, sie zu erzählen – deine Geschichte
Doch Albträume sind keine Bestseller
Wenn Leser sehen:
Non-Fiction – eine Story aus der Hölle

EIN HERZ AUS GOLD

Als Kind hatte ich das Gefühl, dass ich meine Mutter verstand. Sie war sanftmütig, mitfühlend und großherzig. Meine Mom nahm alle möglichen Leute in unserem Haus auf. Manchmal kam eine verkrüppelte Frau auf einen Kaffee vorbei. Sie sah gebrechlich aus und hatte Probleme mit ihren Gelenken. Sie hatte auch Schwierigkeiten mit ihrem Kiefer, der waagerecht schwankte. Ihr Zustand machte mir Angst, und ich befürchtete, ich könne mich bei ihr „anstecken". Aber meine Mutter versicherte mir, dass diese Sache nicht ansteckend sei.

Eine Zeit lang lebte eine obdachlose und taubstumme Frau mit einem zweijährigen Kind bei uns. Mom verliebte sich sofort in das kleine Mädchen. Ihr Name war Lucy. Als sie bei uns einzog, konnte sie weder laufen noch sprechen. Doch unter der Obhut meiner Mutter lernte sie beides innerhalb kürzester Zeit.

Zunächst wollte die Frau Lucy bei uns lassen. Meine Mutter war mit dieser Lösung zufrieden und stimmte ihr zu. Lucys Mutter könnte so einen Neuanfang machen, ohne sich um ein Kind kümmern zu müssen. Doch am Ende nahm die Frau Lucy mit, als sie ging. Meine Mom war am Boden zerstört.

VOR DER SCHEIDUNG

Als ich aufwuchs, nahm ich es jedem übel, der auch nur andeutete, dass meine Mutter verrückt sei. Eine solche Person war auch „Mimi", meine Großmutter väterlicherseits. Sie behauptete, meine Mutter sei eine schwache Frau ohne Rückgrat. Aber Mimi wusste ja nicht, was hinter verschlossenen Türen geschah – ...

Mimis Mann, mein Großvater väterlicherseits, sorgte dafür, dass seine Frau niemals die Wahrheit erfuhr. Er beschwor meine andere Großmutter, Flora, seiner Frau nichts zu erzählen. Ich fragte mich: *Warum sollte sie von dem Verhalten ihres Sohnes verschont bleiben und geschützt werden, wenn wir es nicht waren? Warum sollte sie einfach das Schlimmste über meine liebe Mom denken und sagen dürfen, die so schwer litt?* Die Mentalität, alles unter der Decke zu halten, wurde leider Teil unserer DNA.

In den dreizehn Jahren, die meine Mutter mit meinem Vater verheiratet war, erlitt sie sieben Nervenzusammenbrüche und musste sich dreimal einer Elektrokrampftherapie (EKT)[2] unterziehen. Wenn meine Mutter abwesend war, kümmerte sich meine Großmutter Flora um uns. Sie liebte uns alle von Herzen.

Es gab viele unaussprechliche Dinge, die mein Vater meiner Mutter angetan hat und von denen meine Großmutter Mimi nichts wusste. Einmal kam er pünktlich um 17.00 Uhr nach Hause. Obwohl das Abendessen in Vorbereitung war und bald fertig sein würde, stand es noch nicht auf dem Tisch. Er rastete aus, packte meine Mutter an den Haaren und begann, ihren Kopf gegen die Metallspüle zu schlagen.

Ich war entsetzt und wie gelähmt. Weder mit dem Verstand noch emotional konnte ich verarbeiten, was da geschah.

---

[2] Die **Elektrokonvulsionstherapie** ... oder **Elektrokrampftherapie** ... dient der Behandlung therapieresistenter und schwerer depressiver Störungen. Mit wenige Sekunden andauernden Stromimpulsen unter Narkose mit Muskelrelaxation wird eine kurzzeitige neuronale Übererregung im Gehirn ausgelöst, die für den Patienten nicht spürbar ist. ... Üblich sind 8 bis 12 Behandlungen mit einem jeweiligen Abstand von zwei bis drei Tagen. – Wikipedia, 16.02.2023

Gegen seine Wut war sie machtlos. Wie eine Stoffpuppe schleifte er sie ins Wohnzimmer. Sie war nicht in der Lage sich zu wehren. Er schlug sie schwer und stürmte dann aus dem Haus. Wie einen leblosen Haufen Dreck ließ er sie auf dem Wohnzimmerboden liegen.

Wir Kinder versammelten uns um unsere Mom, die schluchzend und zitternd auf dem Boden lag, bespritzt mit ihrem Blut. Wir standen alle unter Schock! Später habe ich mich immer wieder gefragt, warum ich ihr nicht geholfen habe. Warum konnte ich ihn nicht aufhalten? Diese und andere Fragen verfolgten mich noch Jahrzehnte.

In den Tagen nach diesem Vorfall war meine Mutter extrem nervös. Sie begann bereits am Morgen mit der Zubereitung des Abendessens. Wenn Dad um 17.00 Uhr zur Tür hereinkam, saßen wir Kinder alle am Tisch, und das Abendessen konnte serviert werden. Meine Mutter stand schweigend am Herd und sah uns beim Essen zu. Verwirrt fragte ich sie, warum sie nicht mit uns zu Abend esse, ohne zu wissen, wie traumatisierend die Essenszeit für sie geworden war. Papa lachte nur und genoss sein Essen. Die Spannungen in unserer Familie waren nicht zu übersehen.

*

Ich erinnere mich noch an einen anderen Vorfall, der sich ereignete. Ein Twinkie (kleiner Kuchen mit Cremefüllung) fehlte aus dem Küchenschrank. Mein Vater wollte wissen, wer ihn genommen hatte. Da meine Großmutter Flora den Kuchen für ihn gekauft hatte, damit er ihn in seiner Lunchbox mitnehmen konnte, wurde sie entschuldigt. Dann stellte er uns alle in einer Reihe auf. Er zog seinen Gürtel aus und begann uns zu schlagen, bis einer von uns gestehen würde.

Schließlich meldete sich mein Bruder Gary zu Wort. „Ich habe es getan, Daddy, tu ihnen nicht mehr weh!"

Papa nahm Gary mit in sein Schlafzimmer. Wir standen vor der Tür. Das Geräusch des Gürtels war nicht zu hören. Aber ich konnte meinen Bruder schluchzen hören. Nach einer gefühlten Ewigkeit stürmte Papa aus dem Schlafzimmer. Großmutter Flora ging hinein, um Gary zu trösten und schloss die Tür hinter sich. Vom Schlafzimmer aus begann sie zu jammern und schrie vor Schmerz über sein „blutiges Rektum".

Ich konnte sehen, dass mein Bruder traumatisiert und lethargisch war. Aber ich hatte keine Ahnung, was ein Rektum ist, und absolut keine Vorstellung davon, wie es blutig werden konnte. Mein Vater hatte seinen Sohn vergewaltigt. Großmutter Flora drohte damit, die Polizei zu rufen, aber mein Vater verhöhnte sie. „Es sind meine Kinder, ich kann mit ihnen machen, was ich will!" Das sagte er oft, als wären wir seine Sachen.

Ich war diejenige, die den Twinkie genommen hatte, aber ich war zu ängstlich, um mein „Vergehen" zuzugeben. Mein Bruder bat Großmutter Flora, für ihn zu beten, dass er immer ein guter Junge sein würde, damit so etwas nie wieder vorkomme.

Jedes Mal, wenn wieder etwas passierte, gestand mein Bruder Vergehen, die er nie begangen hatte – Delikte, die ich begangen hatte. Und auch seine „Bestrafung" wurde wiederholt. Er litt für meine Ungezogenheit und trug meine Schuld.

Vielleicht wusste Mama, dass Papa uns Kinder sexuell missbrauchte. Vielleicht war es das, was sie krank machte.

Wenn Papa mich missbrauchte, weinte ich. Dann hielt er mir den Mund zu. Wenn ich nicht aufhörte zu weinen, hielt er mir auch die Nase zu. Oft fühlte ich mich, als würde ich in Ohnmacht fallen, und manchmal war es auch so, denke ich. Anschließend erklärte er mir, dass ich gehen dürfe, sobald ich mich beruhigte und aufhörte zu weinen. Ich hatte jedes Mal Mühe, die Fassung wiederzuerlangen. Oft habe ich mich gefragt, ob das der Grund dafür ist, dass ich Asthma habe.

*

Dann verschwand meine Mutter über Nacht. Sie wurde in eine staatliche Nervenheilanstalt eingewiesen. Papa war sichtlich erschüttert, als er vom Besuch bei Mama in der Klinik nach Hause kam. Mom hatte einen Nervenzusammenbruch.

„Wann kommt sie nach Hause?“ wollte ich wissen.

Keine Antwort.

Kurz darauf setzten wir uns alle ins Auto und fuhren die zwei Stunden zu ihr. Zuvor gab es eine gründliche Einweisung.

„Eure Mutter freut sich sehr, euch alle zu sehen“, erklärte mein Vater. „Sie ist nur ein bisschen nervös.“

„Warum?“, wollte ich wissen.

„Weil sie sich nicht mehr an euch alle erinnern kann.“

„Wie kann sie sich dann freuen, uns zu sehen?” fragte ich verwirrt.

„Sie weiß, dass sie sieben Kinder hat, aber die Therapie hat ihr Gedächtnis ausgelöscht“, sagte er.

Ich merkte, dass ich seine Geduld überstrapazierte, und hielt es für klüger, seine unberechenbare, explosive Wut nicht durch weitere Fragen zu reizen.

Als wir endlich im Krankenhaus ankamen, brachte man uns in den „Aufenthaltsraum", was immer das auch sein sollte. Es kam mir alles sehr unpersönlich und kalt vor.

Ich wollte mit meiner Mutter allein sein; wollte, dass sie mich in den Arm nimmt und mir sagt, dass bald alles in Ordnung sei, aber nichts davon geschah. Wir schienen sie nur zu verwirren.

Papa ging die Reihe durch und nannte ihr jeden unserer Namen. Innerlich wollte ich schreien. Ich konnte die Tatsache nicht ertragen, dass meine Mutter mich nicht mehr kannte. Wir schienen für sie Fremde zu sein. Und sie war wie eine verlegene Schauspielerin, die ihren Text vergessen hatte. Verwirrt schaute sie uns an, und es war offensichtlich, dass sie überfordert war.

Eine resolute Krankenschwester schaltete sich ein und begann, uns all die „wunderbaren" Dinge zu zeigen, die unsere Mom für uns gemacht hatte. Sie erzählte uns, wie viel Mühe sie sich gegeben hatte, und wie sehr sie jeden einzelnen von uns liebte. Dann gab sie meiner Mutter die Aufgabe, uns einzeln die Geschenke zu überreichen. Sie hielt den Gegenstand hoch, rief den Namen und bat das jeweilige Kind, zu ihr zu kommen. Ich fand das eine merkwürdige Art, unsere Geschenke zu verteilen.

Als ich an der Reihe war, hielt sie den Gegenstand hoch und fragte: „Welches Kind ist Denise? Denise, komm bitte nach vorne, um dein Geschenk abzuholen."

Sie hatte unsere Namen auf die Geschenke gemalt: Wie ein falscher Weihnachtsmann begann sie, die Geschenke an Kinder zu verteilen, die sie nicht kannte. Wie konnte das gut sein? Ich konnte es nicht begreifen. Die Medikamente ließen ihre Zunge anschwellen und ihren Mund trocken werden. Sie sagte nicht viel, entschuldigte sich aber immer wieder und versicherte uns, dass alles in Ordnung sei. Ich strengte mich an, um aufmerksam zuzuhören; dabei versuchte ich verzweifelt zu entschlüsseln, was sie sagte.

Wir waren alle dankbar, als der Besuch zu Ende war. Unsere emotionale Erschöpfung war groß. Während der gesamten Heimfahrt herrschte ein Schweigen im Auto, das wie ein dichter Nebel über uns allen hing.

Als Mama endlich nach Hause kam, war sie anders. Sie war wie eine Fremde; ich kannte sie, aber sie kannte mich nicht. Sie würde wieder ganz von vorne anfangen müssen. – Und ich würde ihr dabei helfen! Also stürzten wir uns in ein neues Leben mit unserer Mutter.

*

Eines Tages stürmte ich ins Bad, meine Blase war kurz davor zu platzen. Ich hatte es gerade noch geschafft, die Treppe zum einzigen Bad in unserem Haus hinaufzulaufen. Mom lag in der Badewanne und badete.

Zuerst dachte ich, dass sie mich nicht hören könne, weil sie mit dem Kopf teilweise unter Wasser lag. Also begrüßte ich sie und wartete darauf, dass sie mich ausschimpfte, weil ich ihre Einsamkeit unhöflich gestört hatte.

Keine Schelte, keine Reaktion ...

Ich kannte diesen Blick in die Ferne. Warum hatte ich das nicht kommen sehen? Jetzt fürchtete ich, dass es schon zu spät sei. *Nein, nicht schon wieder!*, war alles, was ich denken konnte. *Nicht schon wieder, ein Nervenzusammenbruch!*

„Mom, wie geht es dir?"

Keine Reaktion. Sie versuchte auch nicht, ihre Nacktheit zu bedecken. Ich starrte ins Wasser. Es war klar und enthielt keine Spuren von Seife.

Da sie nicht reagierte und ins Leere starrte, schrie ich sie an: „Mom, bitte werde nicht wieder krank! Bitte!" Ich flehte sie an. „Mom, wir brauchen dich, verlass uns nicht wieder!"
„Keine Sorge, mir geht es gut", versicherte sie mir, ohne mich anzusehen, und sank wieder unter Wasser.

Ich testete die Temperatur. „Mama, soll ich etwas heißes Wasser in dein Bad geben? Dein Wasser ist kalt."

„Nein, es ist in Ordnung ..."

Wie konnte es in Ordnung sein? Es war nicht so schön heiß, wie sie es gerne hatte. Ich wusste nun, dass es sehr ernst war, denn sie badete nie in kaltem Wasser.

Als ich versuchte, mich weiter mit ihr zu unterhalten, signalisierte sie mir das Ende unseres Gesprächs. Im Alter von neun Jahren akzeptierte ich ihre Antwort, ohne ihr wirklich zu glauben. Ich wollte ihr verzweifelt glauben. Aber nur zu gut erkannte ich die Symptome. Im tiefsten Inneren meines Herzens wusste ich, dass es hoffnungslos war. Belog ich mich selbst, als ich akzeptierte, was sie sagte ...?

Am nächsten Tag brachten sie Mom zurück in die staatliche Nervenheilanstalt. *Hätte ich doch nur ihre Aufmerksamkeit erregt und sie wieder ins Gespräch gezogen. Warum hatte ich ihr nicht helfen können? … Wie lange würde sie dieses Mal weg sein? … Meine geliebte Oma Flora würde wieder kommen und sich um uns kümmern. War das einer der Gründe, warum ich sie aus unserer Unterhaltung und wieder unter Wasser gleiten ließ? Weg von mir? … Was hätte ich tun sollen, um sie bei uns zu halten? Sie schütteln oder ihr einen Klaps auf die Wange geben? Aus vollem Halse schreien und sie anflehen zu bleiben? …* So rotierten meine Gedanken und Selbstvorwürfe. Aber nichts hätte funktioniert, also hatte ich das Unvermeidliche akzeptiert.

*

Großmutter Flora erzählte uns von Moms Engagement bei der Betreuung der „Wasserkopf-Babys" in der staatlichen Nervenheilanstalt. So sehr ich mich auch bemühte, ich konnte die Logik einfach nicht begreifen. Warum war sie hundert Meilen von uns entfernt und kümmerte sich um die Kinder anderer Leute, wenn sie hätte zu Hause sein können, hier, wo sie hingehörte – bei uns? War diese Betreuung der anderen Kinder nicht die Aufgabe des Krankenhauses? Ich nehme an, Großmutter Flora wollte uns helfen, stolz auf unsere Mutter zu sein, und erklärte uns, dass diese Babys eines Tages sterben würden. Ich empfand kein Mitgefühl für sie, nahm es ihnen sogar übel. Insgeheim hoffte ich, sie würden bald sterben, damit unserer Mom zu uns zurückkäme.

*

Ich weiß nicht mehr, wie lange sie damals wieder weg war. Als sie zurückkam, war es so wie immer. Trockene Zunge und keine Erinnerung an uns. Ich hatte eine Sammlung dieser hochgelobten handgefertigten Geschenke mit unseren Namen in der Ecke. Ich wollte diese Geschenke nicht und fühlte mich zugleich von Schuldgefühlen überwältigt. Ich wollte einfach nur meine Mutter. Man erwartete Dankbarkeit von mir, aber ich empfand keine.

Alle ihre Erinnerungen waren ausgelöscht. Man hatte die schlechten Erinnerungen nicht von den guten trennen können, also hatte man einfach alle gelöscht. Noch einmal: Elektrokrampftherapie. Noch einmal kannte unsere Mutter uns nicht mehr.

Sie sagte schwach, dass sie sich darauf freue, uns wieder kennenzulernen …

Wie oft würde ich noch einmal von vorne anfangen müssen? Großmutter Flora bat mich, nicht mit Mom darüber zu sprechen, weil es sie traurig mache. Ich würde alles tun, um zu helfen.

Wenn ich als Erwachsene zurückblicke, ist mir einiges klarer. Aber als Kind wusste ich nur, dass die Dinge nicht in Ordnung waren. Ich beobachtete das Leben um mich herum und sehnte mich nach dem kleinsten Krümel Normalität.

03

Das Leben – aus den Fugen geraten

KAY UND JOANIE

Wir waren alle zu einem Treffen mit der Familie meines Vaters versammelt, im Haus seiner Großmutter. Papa nannte sie Mémé. Sie war unglaublich alt und trug nie ihr Gebiss. Ich wusste, dass sie mich sehr mochte. Sie konnte nur Französisch sprechen, aber irgendwie hatte ich immer das Gefühl, dass ich wusste, was sie sagte.

Wir wurden für ein Familienfoto aufgestellt. Papa wollte zwei meiner Schwestern – Kay und Joanie – von dem Bild ausschließen. Aber seine Großmutter schimpfte mit ihm und verlangte, dass sie ebenfalls mit auf das Foto kommen sollten. Er protestierte: „Das ist ein Familienfoto!" Aber dann gab er doch nach und gehorchte seiner Großmutter, so dass meine beiden Schwestern auf dem Bild zu sehen sind.

Dieses Familienfoto, wurde im Jahr 1963 aufgenommen.
Von links nach rechts. Papa mit Joanie, Linda und Mom mit dem neugeborenen Jeff. Gary, Denise, und Kay. (Ich wurde angewiesen, Aileen zu halten).

Dann schimpfte seine Mutter, meine Großmutter Mimi, mit ihm: „So hält man ein Kind nicht!"

Papa versuchte halbherzig, meine jüngste Schwester besser zu halten. Mama war nervös. Sie biss sich immer auf die Lippe, wenn sie nervös war. Es war ein sehr angespannter Moment, dessen Bedeutung ich damals noch nicht begriff, aber oft darüber nachdachte.

Erst Jahre später lud meine Mutter meine Schwester Kay und mich einmal ein, in ihr Schlafzimmer zu kommen. Sie hatte etwas besonders Wichtiges, das sie mit uns beiden besprechen wollte. Zu dieser Zeit ging sie auch gerade die zwölf Schritte der Anonymen Alkoholiker (AA) durch und wollte Wiedergutmachung leisten.

Sie enthüllte uns die Tatsache, dass Kay einen anderen Vater hatte und gab auch zu, dass Joanie ebenfalls nicht von meinem Vater stammte. Kay begann zu weinen. Ich versuchte, sie mit dem Gedanken zu trösten, dass sie froh und dankbar sein sollte, dass „er" nicht ihr Vater war!

Das war also der Grund, warum Kay irgendwie immer anders war als ich. Sie war gutmütig, ehrlich und offen. Wenn es ein Problem gab, redete sie einfach mit der betreffenden Person darüber. Ich wusste nie, wie man das macht. Ich war immer auf der egoistischen, hinterhältigen Seite. Zwar wollte ich so gut sein wie Kay, aber ich wusste einfach nicht, wie das geht.

Mom erzählte uns von der Liebe ihres Lebens, dem Mann, der sie geliebt hatte, aber noch nicht bereit gewesen war, sich sesshaft zu machen; der Mann, der zum Militär gegangen war. Als er von dort wieder nach Hause kam, hatten sie sich heimlich getroffen. Sie sagte ihm, wie unglücklich sie sei und dass sie Vater für ihn verlassen würde. Aber er meinte:

„Nein, du hast jetzt eine Familie, und du musst bei deinem Mann bleiben!“

Ich habe meine Schwester immer beneidet, weil sie von dem Mann abstammte, den Mama geliebt hat. Ich hatte andere Gene bekommen.

*

Noch vor diesem Geständnis meiner Mutter hatte eines Tages eine meiner Mitschülerinnen in der High-School entdeckt, dass Kay und ich Schwestern waren, und nicht beste Freundinnen, wie sie angenommen hatte. Sie bedrängte mich mit Fragen.

„Ihr seht euch doch gar nicht ähnlich“, meinte sie.

Um sie loszuwerden, sagte ich ihr, wir seien Halbschwestern. Dieselbe Mutter, verschiedene Väter. Damit war sie zufrieden, und sie hörte auf, mich zu belästigen und ging.

Als wir an diesem Tag von der Schule nach Hause kamen, beschwerte sich Kay bei Mama:

„Mom, du wirst nie erraten, was Denise heute jemandem in der Schule erzählt hat! Sie hat behauptet, dass wir Halbschwestern sind!“

Mom geriet in eine für sie untypische und unkontrollierte Wut und hatte Mühe, ihre Fassung wiederzuerlangen. Sie verlangte zu wissen, wer mir das gesagt habe. Ich meinte, sie solle sich entspannen, ich hätte nur einen Scherz gemacht.

Mama schimpfte mit mir und ich musste versprechen, so etwas nie wieder zu sagen. Ich wusste nicht, dass ich den Nagel auf den Kopf getroffen und dem Mädchen in der High School die plausibelste Antwort gegeben hatte, die es gab: die Wahrheit. Dies mochte auch der Grund gewesen sein, warum meine Mutter mich an diesem Tag bat, sie zur Beichte zu begleiten, wo sie um Vergebung bat.

*

Einmal, als es wieder Ärger zwischen meiner Mutter und mir gab, und sie mit mir schimpfte, antwortete ich trotzig: „Ich habe nie darum gebeten, geboren zu werden!"

Ihre Antwort war ernüchternd und stach tief ins Herz: „Ja, ich auch nicht!"

Manchmal wünschte ich mir, nicht zu leben. Oder zumindest fragte ich mich, warum ich nicht in eine andere Familie hätte hineingeboren werden können, in eine normale Familie mit guten und vernünftigen Genen.

DADDY – PAPA: EIN SCHMERZHAFTES WORT

Obwohl es mir völlig rätselhaft ist, warum oder wie, habe ich meinen Vater geliebt. Aber ich hatte auch Angst vor ihm. Er war sprunghaft und unberechenbar. Einmal bekam ich zur Strafe seinen Ledergürtel zu spüren, ein andermal wurde ich für dasselbe Verhalten gelobt. Das hat mich völlig verwirrt und verängstigt. Es schien einfach kein sicheres Terrain oder logische Regeln zu geben. Ich begann zu stammeln und stotterte fürchterlich. Wenn ich merkte, dass jemand wütend, streng oder autoritär war, stotterte ich und sank innerlich zusammen.

Später wurde über meinen Vater gesagt, er habe einen unzurechnungsfähigen Charakter und sei gestört. Er war unberechenbar; man wusste einfach nie, was ihn in Wut versetzen würde. Danach hatte er oft keine Erinnerung mehr an den Schaden, den er angerichtet hatte. Ich nehme an, das machte es für ihn leichter, mit sich selbst zu leben. Für uns war es schwieriger.

Manchmal hörte ich das leise Geflüster über meine Mutter. Manche sagten, sie sei verrückt. Aber ich wusste, dass meine Mutter nicht verrückt war. Sie war eine sehr mitfühlende, fürsorgliche Frau, die in einer grausamen Falle gefangen war.

MEINE SCHÖNSTE „DADDY"-ERINNERUNG

Mom war wieder einmal in der staatlichen Nervenheilanstalt. Dad hat uns in dieser Nacht zu Bett gebracht. Kay und ich teilten uns zu dieser Zeit ein Zimmer. Wir lagen mit eingeschaltetem Licht im Bett und trauten uns nicht aufzustehen, um das Licht auszuschalten. Also: „Lassen wir es brennen …"

Daddy kam ins Zimmer und fragte mit strenger Stimme: „Wer hat das Licht angemacht?"

„Du warst das, Daddy", antworteten wir beide.

Papa hob eine Hand in die Luft, tippte sie mit der anderen an und sagte: „Böser, böser Daddy!"

Wir waren erleichtert und zugleich erstaunt: Er hatte einen Scherz gemacht!

EHERING

Papa nahm Mama den Ehering weg und ließ sich aus den beiden Ringen einen großen Goldring anfertigen.

Als er einmal wütend war, schlug er sie mit der Hand, die seinen „neuen", großen Goldring trug, ins Gesicht. Der Ring verursachte einen langen, klaffenden Schnitt in ihrem Gesicht. Papa stürmte aus dem Haus.

Als er später zurückkam, sah er Mama, die sich ein Handtuch vor das Gesicht hielt. Er war besorgt und wollte die Wunde sehen. Er sagte, sie müsse ins Krankenhaus gehen und sich behandeln lassen.

„Wie ist das passiert?", fragte er.

Mama konnte ihm kaum in die Augen sehen. „Du hast das getan", konnte sie nur mit Mühe sagen.
Schock und Unglaube erfüllten sein Gesicht.

Für viele Menschen hat ein Ehering eine besondere Bedeutung. Er symbolisiert einen endlosen Kreis. Ein Kreis geht ewig weiter – würde sein Missbrauch das auch tun?

Mama hatte ihren Ehering nun nicht mehr; stattdessen hatte sie eine Narbe, die von ihm stammte.

FOOTLOCKER – DADS SCHATZKISTE

Papa bewahrte in seinem Schlafzimmer einen alten Air-Force-Footlocker auf, das ist eine Art private „Schatzkiste" für einen Soldaten der US-Luftwaffe. Er sicherte ihn mit einem Vorhängeschloss und bewahrte allerlei Schätze darin auf. Gelegentlich durften wir ein Blatt Papier daraus haben, um darauf zu malen. Wir wagten es nicht, nach mehr zu fragen, weil wir uns freuten, ein ganzes Blatt für uns zu haben. Ich habe Papa oft dabei beobachtet, wie er seinen Footlocker umräumte und ausräumte.

Es schien immer nach dem gleichen Muster zu laufen, wobei er als erstes den Mülleimer aus der Küche ins Schlafzimmer brachte. Er bewahrte sogar Obst in seiner Truhe auf, weggesperrt vor uns. Oft waren die Bananen schwarz und verschrumpelt. In diesem verrotteten Zustand war es manchmal schwierig, noch genau zu erkennen, um welche Art von Obst es sich handelte, aber ich glaubte, Bananen, Orangen und Äpfel zu erkennen. Immer wieder sah ich zu, wie er Obst in den Müll warf. Wir Kinder hatten nur selten die Freude, irgendwelches Obst essen zu dürfen.

Als kleines Kind nahm ich es einfach hin, dass er dieses Obst nicht mit uns teilte. Ich glaubte, dass er einen besonders guten Grund dafür haben musste. Trotzdem empfand ich es als Verschwendung, wenn etwas davon weggeschmissen wurde, und kam zu dem Schluss, er hätte es doch besser uns gegeben, bevor es schlecht wurde. Doch dann dachte ich wieder, dass Papa doch ein Erwachsener war, und Erwachsene waren viel klüger als Kinder ... Ich zerbrach mir den Kopf, um herauszufinden, was ich übersehen hatte. Mir schien, dass mit meiner Logik etwas nicht stimmen konnte. Aber eines Tages würde ich es verstehen.

*

Nach der Scheidung stellte Mama häufig Obst in eine große bunte Schale. Es war so schnell weg, dass ich oft nicht einmal ein Stück davon abbekam. Ich beschwerte mich bei Mama. Sie begann daraufhin, es unter uns aufzuteilen – für jeden von uns in einer Plastiktüte – und wir waren dann dafür verantwortlich, es in unserem Zimmer aufzubewahren.

Es fühlte sich so gut an, mein eigenes Obst zu haben. Ich konnte entscheiden, wann und was ich aß. Soweit ich mich erinnere haben wir nicht ein einziges Mal verfaulte Früchte weggeschmissen. Ich hatte immer noch nicht die Logik hinter Dads Hortverhalten entdeckt. Aber ich hoffte, dass ich es eines Tages herausfinden würde.

*

Papa hatte auch eine Münzsammlung im Keller, hoch oben auf einem Regal, ordentlich in speziellen Schubladen verstaut. Ich klaute große Silbermünzen und kaufte auf dem Heimweg von der Schule damit Süßigkeiten. Nach einer Weile fing der Mann im Laden an, mich auszufragen. Ich gab silberne Kennedy-Dollars und halbe Dollars aus, die viel wertvoller waren als nur fünfzig Cent oder einen Dollar. Dad begann, Mom zu beschuldigen, die Münzen genommen zu haben. Er wurde gewalttätig und tat ihr weh. Das setzte meiner Quelle ein Ende. Ich liebte meine Mutter und wollte sie nicht in Gefahr bringen.

Sieh nicht zurück

Sieh nicht zurück!
Er ist Vergangenheit
Ruhig, ganz ruhig!
Es ist vorbei!
Sieh nicht zurück!
Der Fluch ist gebrochen.
ER hat gesprochen:
FRIEDE – still Seele!
Setze den Traum frei – deinen Traum
im Unsichtbaren
FRIEDE – still Seele!
Der Fluch ist gebrochen.

DRAUSSEN – MEIN ZUFLUCHTSORT

Ich liebte es, Zeit im Freien zu verbringen, besonders hoch oben in den Bäumen. Ich aß oft Blätter und andere Pflanzenteile. Mein Favorit waren Ahornblätter. Viele der anderen, die ich probierte, wie Eiche oder Weide, waren zäh und bitter. Am liebsten aß ich Ahornblätter im Frühjahr, wenn sie jung, sauber und zart waren. Ich faltete sie zu einem kleinen Quadrat zusammen, steckte sie hinten zwischen die Backenzähne und kaute langsam.

Oft sagte ich mir: „Ha! Ich brauche niemanden. Ich kann auf Bäumen leben und mich selbst ernähren."

Ich kann mit Stolz sagen, dass ich nicht ein einziges Mal krank war und bis heute ein gutes Immunsystem habe. Ich fand alle möglichen essbaren Dinge und teilte meine Entdeckung oft auf dem Heimweg vom Strand mit meinen Geschwistern. Ein solcher Baum hatte eine Art Knospe, die zwischen den Blättern sprießte. Ich nannte ihn meinen Bananenbaum, weil diese Knospen wie Bananen schmeckten. Meine jüngeren Geschwister mochten sie auch. Ich aß auch Gänseblümchen. Manchmal fragte mich Mama, ob ich wieder Blätter esse. Erstaunt fragte ich sie, woher sie das wisse. „Deine Zähne sind grün", sagte sie dann.

Manchmal rief die Nachbarin meine Mutter an, um sie zu warnen, dass ich auf dem obersten Giebel unseres Daches saß. Ich liebte es, so hoch zu klettern, wie ich konnte. Hoch oben fühlte ich mich sicher und geborgen. Meine Mutter kam dann aus dem Haus und verlangte, dass ich herunterkomme. Sie sagte, sie mache sich Sorgen um meine Sicherheit. Aber ich schlich mich hoch, so oft ich konnte. Ich liebte es einfach, dort oben zu sitzen, über unsere Nachbarschaft zu blicken und die Aussicht auf den See zu genießen.

Wir hatten eine große, alte Eiche in unserem Garten. Ich kletterte immer bis in die Spitze. Das Schaukeln in der Brise brachte mir ein Gefühl der Ruhe und des Friedens. Eines Tages, als Papa im Garten war, verkündete ich stolz: „Niemand kann mich hier oben kriegen!" Dad antwortete: „Ich kann dich von überall her runterholen."

*

Irgendwann begann ich, Albträume zu haben. In meinem Traum verfolgte mich ein Tiger. Ich ging die Straße entlang, um ein paar Dinge zu erledigen – und da war er plötzlich. Ich beschleunigte meinen Schritt, er tat es auch. Er war mir dicht auf den Fersen. Instinktiv wusste ich, dass es hier um Leben und Tod ging. Ich stürmte durch die Vordertür eines Nachbarhauses und rannte hinein. Der Tiger folgte mir. Er war nur Zentimeter hinter mir. Ich schaffte es, das Haus durch die Hintertür zu verlassen und sprang von der Terrasse. Zu meinem großen Erstaunen flog ich in den Himmel. Ich konnte fliegen! Ich sah den enttäuschten Gesichtsausdruck des Tigers, als er auf der Terrasse stand.

Dann erwachte ich in kaltem Schweiß. Das Entsetzen, das ich empfand, war unbeschreiblich. Es war nur ein Traum gewesen, aber ich hatte jedes Detail so erlebt, als wäre es Realität.

Derselbe Tiger kam in einem weiteren Traum vor, und dieses Mal war er nicht allein. Er hatte eine böse Hexe bei sich. Es folgte ein ähnliches Szenario; sie verfolgten mich. Nur dieses Mal schoss Feuer aus den Mäulern des Tigers und der Hexe.

Ich schaffte es gerade noch zu entkommen, indem ich in die Luft sprang und zu fliegen begann.

Nacht für Nacht hatte ich diesen Albtraum, und jedes Mal kamen andere Details hinzu. Mit der Zeit konnten auch die Hexe und der Tiger fliegen. Das Leben wurde extrem gefährlich. Immer wieder verfehlten sie mich nur knapp. Doch irgendwie gelang es mir stets, ihren Fängen zu entkommen.

Ich war zuerst ungeschickt im Fliegen, ein Amateur, und ich stand unter dem Druck, es schnell zu lernen. Bei meinen verzweifelten Versuchen zu entkommen, schlugen mir die Äste ins Gesicht und auf die Arme. Doch ich hatte keine Sekunde zu verlieren und machte mir keine Gedanken über solche unbedeutenden Verletzungen im Vergleich zu der Gefahr, gefressen zu werden.

Mit der Zeit lernte ich, mich zu drehen und zu wenden ... und entkam so immer wieder knapp ihren bösen Fängen. Schließlich war ich ziemlich geübt. Es schien, als könnten sie mir nicht in die höheren Sphären folgen (eine Erkenntnis, die mich heute noch erfreut).

Manchmal, wenn die Gefahr weit hinter mir lag, ging ich auf Vergnügungsflüge. Zwar hatte ich Angst, mich zu weit von zu Hause zu entfernen, weil ich befürchtete, dass ich nicht mehr zurückfinden würde. Aber oh, was für eine Freude war das Fliegen für mich! Meine Stadt aus der Luft zu sehen, war ein so schöner Anblick. Es erfüllte mich mit Ehrfurcht und Staunen. Der See war wunderschön und glitzerte.

Wenn ich aufwachte, lag ich mit einem Gefühl der Zufriedenheit da. Ich hatte diese bösen Kreaturen ausmanövriert und überflügelt. Ich kannte nun das Geheimnis, die Welt vom

Himmel aus zu sehen. Diese Träume erlebte ich noch lange Zeit. Für mich waren sie so real wie das Leben am Tag. Wie sehr liebte ich das Fliegen!

DADS ABENTEUER

Ich weiß nicht, warum, aber trotz all der misslichen Verhältnisse in unserer Familie war ich immer das Lieblingsmädchen meines Vaters. Ich war körperlich stark und fit; vielleicht hatte es etwas damit zu tun. Außerdem ähnelte ich seiner Seite der Familie.

Einmal, als ich noch sehr jung war und meine geliebte Großmutter Flora besuchte, standen wir vor ihrem Haus, und sie unterhielt sich mit einer Dame. Diese sagte bestürzt:

„Sie sieht genauso aus wie Johnny!“

„Ja“, antwortete meine Großmutter Flora, „aber sie hat das Herz ihrer Mutter.“

Es war so wichtig für mich, dass ich das gehört hatte. Als kleines Kind war es für mich ein großer Trost zu wissen, dass es etwas Gutes an mir gab. Ich hatte das Herz meiner Mutter!

*

Bei einer seltenen Gelegenheit nahm Papa mich im Auto mit. Ich konnte nicht aus dem Fenster sehen, also stellte ich mich auf den Sitz neben ihn. Er befahl mir, mich zu setzen. Ich gehorchte. Aber weil ich nichts sehen konnte, stand ich langsam wieder auf. An der nächsten Ampel trat er auf die Bremse, so dass ich gegen das Armaturenbrett flog und auf dem Boden landete. Nach dieser Erfahrung lernte ich, sitzen zu bleiben.

Einmal wartete Papa an einer Kreuzung. Er wollte links abbiegen. Seine Ampel wurde grün, ebenso die der Fußgänger in der Abbiegestraße. Ein Mann begann, die Straße zu überqueren. Papa fuhr mit dem Auto in den Mann hinein. Der Mann schrie ihn an, humpelte davon und rieb sich sein Bein. Papa lachte nur und zeigte auf seine grüne Ampel. Ich saß da und überlegte: Wer hatte Recht? Ich entschied, dass der Mann Recht hatte – auch er hatte eine grüne Fußgängerampel gehabt – und Dad hätte ihn nicht anfahren und verletzen dürfen. Langsam begann ich zu begreifen, dass Papa oft nicht im Recht war mit dem, was er tat. Er schien es zu genießen, andere zu verletzen.

Ein anderes Mal, als ich mit Papa unterwegs war, sagte er mir, ich solle Mama anlügen und sagen, wir wollten ein Boot kaufen. Er gab mir auch eine Broschüre, die ich Mama zeigen sollte. Ich wusste, dass ich nicht lügen sollte, aber ich tat, was er von mir verlangte. Als ich es Mama erzählte, war sie fürchterlich verärgert, weil sie genau wusste, dass wir es uns nicht leisten konnten. Er warf den Kopf zurück, wie er es oft tat, und lachte herzhaft. Ich beschloss, dass es einfach nicht richtig war, Mama auf diese Weise zu ärgern.

*

Papa hatte immer ein Boot, ein Kajütboot. Einmal, nach der Scheidung, erzählte er uns, dass er uns alle auf eine Fahrt mitnehmen würde. Allerdings nur uns Kinder; Mama war nicht eingeladen. Mitten im See, wie mir schien, stoppte Dad das Boot. Ich konnte in keiner Richtung Land sehen.

Papa zog seinen Taucheranzug und seine Tauchausrüstung an. Er gab uns ein Seil und sagte uns, dass wir auf sein Zeichen hin so fest ziehen sollten, wie wir konnten. Als er schließlich wieder auftauchte, rief er uns zu, wir sollten ziehen. Wir versuchten es und zogen, so fest wie wir konnten, doch es war zwecklos; wir waren einfach nicht stark genug, auch nicht mit Papa zusammen. Er akzeptierte es schließlich. Ich fragte ihn, was wir versuchten, hochzuziehen. Er wollte mir nicht antworten. Ich fragte mich, warum er nicht ein paar seiner Kumpels mitgenommen hatte, um ihm bei dieser Aufgabe zu helfen. Das war jedenfalls nicht die Art von Bootsfahrt, die ich erwartet hatte. Mir wurde klar, dass es sich gar nicht um einen Ausflug handelte. Dad hatte hinter dem Rücken seiner Kumpels versucht zu mopsen und seine Kinder als Arbeitskräfte benutzt. Was auch immer es an diesem Tag war, wir hatten einfach nicht die Kraft, es zu heben. Dad war enttäuscht. Und ich auch.

*

In unserem Vorgarten hatten wir große Eisenanker. Papa hatte sie auf Schiffswracks entdeckt und stellte sie stolz in unserem Vorgarten aus. Er schliff sie ab und strich sie in einem hübschen Silberton an. Unsere Nachbarn waren nicht glücklich darüber. Sie sagten, es sei gefährlich, weil die Kinder gerne darauf herumkletterten. Aber Dad antwortete ihnen, dass sie ihre Kinder eben nicht in unseren Garten lassen sollten, und das war das Ende der Geschichte. Ich war traurig, denn von diesem Zeitpunkt an spielten die Nachbarskinder nie mehr in unserem Garten.

*

Vaters Liebe zum Jagen und Fischen veranlasste ihn dazu, einen alten Kühlschrank zu einem Räucherofen umzubauen. Wenn Papa anfing, Fisch zu räuchern, interessierte es ihn nicht, ob die Nachbarin gerade ihre Wäsche auf der Leine hängen hatte. Sie kam aus ihrem Haus und beschwerte sich. Aber er lachte nur und ignorierte sie. Dann entfernte sie hastig ihre Wäsche. Auch sie hatte eine große Familie. Sie fragte ihn, wie sie denn nun ihre Wäsche trocken bekommen solle. Aber das war Dad egal.

*

Als wir noch auf dem Land lebten, bevor wir in unser erstes Haus zogen, hatte Papa zwei Alaskan-Malamute-Hunde, die er Buster und Lady nannte. Einmal kam ein Mann mit etwas in der Hand auf Dad zu. Er war verärgert und zeigte es meinem Vater immer wieder.

„Das ist alles, was von meinem Hund übrig ist", sagte er. Ich konnte nicht sehen, was es war.

„Ein Ohr! Das ist alles, was von meinem Hund übrig ist!", rief er dann. Oh, ein Ohr! Wie konnte dies von einem Hund übrigbleiben, fragte ich mich.

Mein Vater lachte nur und sagte dem Mann, er hätte eben seinen Hund zu Hause lassen sollen. Sie wechselten ein paar Worte, und nach einer Weile stürmte der Mann einfach davon. Ich konnte nicht verstehen, wie unser wunderbarer Buster dem Hund das Ohr abgenommen haben sollte.

In dieser Zeit, als wir auf dem Land lebten, hatten wir ein Haus von einem Geschäftsmann aus der Stadt gemietet. Eines Tages schoss Papa einen Bären außerhalb der Saison;

er weidete ihn im Keller aus und ließ ihn ausbluten. Der Besitzer des Hauses war sehr verärgert, weil der Keller mit einem neuen Teppich ausgestattet war und keinen Abfluss im Boden hatte. Eine solche Gleichgültigkeit und Respektlosigkeit gegenüber dem Eigentum anderer war typisch für Dad.

Jahre später heiratete meine Schwester den Sohn dieses Geschäftsmannes. Was für ein interessanter Zufall. Dieses Vorwissen half ihrem Mann, meine Schwester besser zu verstehen.

*

Papa tat oft Dinge, die andere missbilligten. Das schien ihn aber nie zu stören. Als wir in das erste Haus in der Stadt zogen, wies der Nachbar Papa darauf hin, dass seine Malamute-Hunde aus dem Zwinger herauskommen und Auslauf bekommen müssten. Doch das machte Papa wütend; er ließ sich nicht gerne etwas sagen. Manchmal fuhr er nach der Arbeit mit den Hunden im Auto an den Strand. Dann ließ er sie an Leinen aus dem Auto und hinter dem Auto herlaufen.

*

Eines Tages sah ich, wie Papa vom Fenster unseres Hauses aus in die große Eiche schoss. Er schien sich zu amüsieren, also fragte ich ihn, was er da tat. Er schoss zum Spaß auf Eichhörnchen. Ich war sehr aufgeregt, denn ich liebte die grauen Eichhörnchen. In unserer Nachbarschaft gab es viele davon und auch Streifenhörnchen. Ich wollte ihn aufhalten, aber ich wusste, wenn ich etwas Falsches sagen oder mich einmischen würde, provozierte ich ihn, und er würde mir wehtun. In stressigen Situationen fiel es mir schwer, klar zu denken, und das wirkte sich später auf mein gesamtes Denkvermögen aus.

*

Manchmal unternahm Papa mit der ganzen Familie eine Autofahrt. Unsere Stadt hatte einen wunderschönen Park am See. Er erschreckte Mama und uns alle, indem er mit dem Auto bis an den Rand der Klippe fuhr. Das brachte Mama in Aufregung und machte ihr Angst. Auch mein Magen war wie verknotet. Mama sagte immer: „Denk an die Kinder, Johnny!" Üblicherweise parkte er am „Sunset Point" und übte dort seine angsteinflößenden Bremsmanöver. Wenn das Auto zum Stillstand kam, waren wir alle erleichtert.

*

Papa ging oft allein auf Tauchfahrt nach Florida. Wenn er weg war, war das Leben friedlicher und weniger stressig. Er wollte nach Florida ziehen, weil es dort das ganze Jahr über warm war, im Gegensatz zu den bitterkalten Wintern und dem starken Schneefall im Mittleren Westen. Ich war begeistert von der Aussicht, in dieses Paradies zu ziehen. Ich erzählte all meinen Freunden, dass wir nach Florida ziehen würden. Doch aus dieser Ankündigung wurde nichts. Das war mir peinlich vor meinen Freunden.

Dann reiste er wieder nach Florida, und erzählte uns anschließend, dass wir nun umziehen würden, diesmal stimme es. Wieder erzählte ich allen meinen Freunden die aufregende Neuigkeit. Wieder geschah nichts. Meine Freunde verspotteten mich. Ich lernte, niemals zu glauben, was mein Vater mir erzählte. Und ich beschloss, nun immer erst abzuwarten. Falls das, was er sagte, wahr würde, okay … Auf diese Art und Weise konnte ich mit den Enttäuschungen besser umgehen.

*

Ich mochte es, mit „guten“ und „gesunden“ Männern zusammen zu sein, aber sie waren rar gesät. Mein Zahnarzt war solch ein guter und gesunder Mann. Ich hatte eine einzigartige Antenne dafür, und ich lag selten falsch. Wenn er mich behandelte, umgab er mich fast so, als würde er mich väterlich umarmen. Obwohl ich mich nie auf den zahnärztlichen Teil freute, saugte ich seine Umarmung in mich auf und genoss sie jede Sekunde. Als Kind habe ich mich oft gefragt, ob er spürte, wie ich die Liebe förmlich aus ihm heraussaugte.

TOTALE SONNENFINSTERNIS

Einmal war ich im Haus meiner Großeltern. Ich empfand es als Privileg, bei ihnen sein zu dürfen. Großvater war bei der Arbeit. Aber es lag ein unerklärliches Gefühl der Spannung in der Luft.

Meine Großmutter Mimi führte mich in ein Schlafzimmer im Obergeschoss. Sie ließ die Jalousien herunter und drehte die Stange, um sie zu schließen. Sie erzählte mir, dass es bald eine totale Sonnenfinsternis geben würde und dass ich blind werden könnte, wenn ich sie ansähe. Sie sagte, ich solle nicht aus dem Fenster schauen, ich solle im Zimmer bleiben, bis sie zurückkäme, um mich zu holen. Dann drehte sie sich um und ging, wobei sie die Tür hinter sich schloss. Ich war zu dieser Zeit noch in der Grundschule.

Ich saß auf dem Bett und dachte darüber nach, was Grandma gesagt hatte. Nachdem ich sicher war, dass sie unten war, stand ich auf und ging zum Fenster. Ich spähte hinter den Jalousien hervor und hatte einen perfekten Blick auf die totale Sonnenfinsternis. Ich beobachtete sie ein paar Sekunden lang und fragte mich, ob ich nun bald blind werden würde. Zufrieden ging ich zurück zum Bett und wartete auf ihre Rückkehr. In meinem Herzen spottete ich über die Dummheit meiner Großmutter Mimi. Ha, ha, ha ... Ich hatte mir die Sonnenfinsternis angesehen und war nicht blind geworden.

An diesem Abend wiederholte mein Großvater dieselben Informationen. Er war ein weiser und wunderbarer Mann. Wie konnte auch er sich so irren, fragte ich mich. Nach dem Abendessen sahen wir das ganze Ereignis in den Abendnachrichten. Alle schienen so viel Aufhebens zu machen. Der Nachrichtensprecher behauptete ebenfalls, dass der Anblick mit bloßem Auge zur Erblindung führen könne. Sie konnten doch nicht alle falsch liegen. Ich fragte mich, wie es mir möglich gewesen war, dieses Ereignis ohne jegliche Folgen zu sehen.

Einige Zeit später, als ich wieder zu Hause war, wunderte ich mich, warum ich nicht erkennen konnte, welche Kinder aus der Nachbarschaft auf der Straße an der Ecke standen. Ich kniff die Augen zusammen und strengte mich mehr an. Doch es wurde nicht besser. Ich fragte mich, warum, aber ich dachte nicht weiter darüber nach.

Später in der Schule fiel es mir sehr schwer, die Tafel zu sehen. Ich mühte mich eine Zeitlang alleine ab und bat dann darum, weiter vorne sitzen zu dürfen. Später in diesem Jahr wurden wir in der Schule einem Sehtest unterzogen.

Als ich mit meiner neuen Brille vom Optiker nach Hause ging, war ich erstaunt, dass ich jeden einzelnen Grashalm auf den Rasenflächen, an denen ich vorbeikam, sehen konnte. Ein Baum war nicht mehr ein grüner Klecks, sondern bestand aus vielen einzelnen Blättern. Ich war erstaunt über den Unterschied, hasste die Brille aber trotzdem.

Erst viel, viel später wurde mir klar, dass der Anblick der totalen Sonnenfinsternis meine Sehkraft beeinträchtigt hatte. Und ich fragte mich oft, warum Großmutter Mimi so unvorsichtig mit mir umgegangen war.

DIE SCHEIDUNG

Mutter begann, sich außerhalb unserer Kirche von einem freundlichen Priester beraten zu lassen. Er half ihr geduldig, zu erkennen, dass sie, solange sie mit meinem Vater verheiratet sei, weiterhin krank werden und in der staatlichen Nervenheilanstalt ein- und ausgehen würde.

Papas Mutter hatte keine Ahnung, was bei uns hinter verschlossenen Türen geschah. Aber meine geliebte Großmutter Flora weinte oft und drohte damit, die Polizei zu rufen. Doch Dad sagte immer:

„Es sind meine Kinder. Ich kann mit ihnen machen, was ich will.“

Großmutter Flora antwortete dann: „Es gibt Gesetze gegen das, was du tust.“

Doch er erwiderte: „Dann ruf doch die Polizei. Die Kinder werden alle im Waisenhaus landen.“

Wir wurden im wahrsten Sinne des Wortes missbraucht: sexuell, verbal und durch körperliche Gewalt. Vielleicht wäre ein Waisenhaus besser gewesen …?

Meine Eltern ließen sich scheiden, als ich elf Jahre alt war. Ihre Ehe wurde sogar annulliert. Meine älteste Schwester und ich wurden gebeten, zwei Berichte über Gewalttaten zu schreiben. Diese und andere Beweise wurden für die Annullierung der dreizehnjährigen Ehe herangezogen. Meine Mutter sagte, dies sei in der katholischen Kirche wichtig, wenn sie jemals wieder heiraten wolle.

Ich werde nie die Nacht vergessen, in der Dad uns verließ. Wir wurden alle nach oben gebracht und angewiesen, dort zu bleiben, bis Mom zu uns hochkäme. Unten hörten wir lautes Geschrei. Wir hörten, wie er ins Auto stieg. Es war Winter und der Boden war schneebedeckt. Schnell versuchte ich, das Fenster vom Frost zu befreien, damit ich seine Abfahrt beobachten konnte. Ich hörte, wie er davonfuhr, und konnte durch das vereiste Fenster kaum die Rücklichter erkennen.

Dann kam Mama nach oben und erklärte: „Er ist weg!“ Wir waren so glücklich, dass wir auf den Betten auf und ab sprangen. Das war normalerweise nicht erlaubt, aber diesmal hielt Mama uns an den Händen, damit wir noch höher hüpften. Es war, als ob sie am liebsten auch aufs Bett geklettert wäre, um mit uns zu hüpfen. Wir fühlten uns alle sehr erleichtert.

Obwohl er gegangen war, fühlte ich mich in unserem Haus nicht mehr sicher. Dad war nicht freiwillig gegangen. Er kehrte zurück und stritt sich mit Mom. Sie musste Schlösser an unseren Türen anbringen lassen. Dann kam er, hämmerte an die Fenster und verlangte, dass sie ihn hereinließe. Aber sie weigerte sich. Schließlich verabredeten sie Zeiten, zu denen er seine Sachen abholen konnte. Er hatte einen Steinschleifer und eine Poliermaschine im Keller sowie eine Taucherausrüstung, auch Gegenstände, die er auf Schiffswracks gefunden hatte, und diese große Münzsammlung. Auch das große Bild, das in unserem Wohnzimmer hing, wollte er mitnehmen. Es zeigte die Szene eines Sturms auf einem großen Gewässer mit riesigen Wellen und peitschendem Wind. Mama sagte, er könne es nicht haben, er habe es ihr geschenkt. Aber er wollte es trotzdem mitnehmen. Sie bestand darauf, dass es bleibt. Am Ende hat sie gewonnen. Ich war so stolz auf sie, weil sie sich gegen ihn durchgesetzt hatte. Ich wusste, dass es sie viel Mut gekostet hatte. Ich war auch überrascht, dass sie gewann; es war der erste Sieg, den ich meine Mutter je hatte erringen sehen. Papa war es gewohnt, seinen Willen zu bekommen. Das war alles sehr neu für ihn. Er dachte, er könne kommen und gehen, wie er wolle. Doch das war nun vorbei. Ich überwachte oft alle Türen und Fenster und versicherte mich, dass sie sicher und verschlossen waren.

Eine der ersten Anschaffungen, die Mutter nach der Scheidung tätigte, war ein Rollo für das Wohnzimmerfenster. Die Nachbarn zu unserer Rechten hatten Papa oft bei seinen Disziplinierungsmaßnahmen beobachtet. Er hatte uns dabei alle dem Alter nach in einer Reihe aufgestellt, dann seinen Gürtel abgenommen, uns bücken lassen und dann nacheinander geschlagen. Die Nachbarn hatten sich dieses Spektakel oft angeschaut. Mama hatte sich häufig beschwert und gesagt, dass die Nachbarn zusähen. Doch das beunruhigte ihn nicht im Geringsten. Für Papa war das eine zivilisierte Form der Bestrafung. Oft aber benutzte er noch ganz andere.

Jetzt hatte Mama endlich ihr begehrtes Rollo. Ich habe es ihr aufgehängt.

MEINE GROSSELTERN VÄTERLICHERSEITS

Nach der Scheidung war meine Mutter fest entschlossen, nicht wieder krank zu werden. In der Familie wurde oft (auf Französisch) darüber gesprochen, was für ein schwacher Mensch meine Mutter sei. Ich habe mich über diese Beleidigung geärgert. Gesund zu bleiben, würde ihren Schwiegereltern beweisen, dass ihr Sohn der Schuldige an ihrer psychischen Krankheit war. Sie waren anderer Meinung. Zumindest Großmutter Mimi war es.

Papa hat nie Unterhalt gezahlt. Moms Freunde ermutigten sie, ihn vor Gericht zu bringen. Sie wollte es einfach nicht. Ich wusste, dass ihr die emotionale Stärke dazu fehlte. Geld war bei uns immer ein Thema. Es schien einfach nie genug davon da zu sein. Ich träumte immer davon, an eine große Summe Bargeld zu kommen und sie dann heimlich auf Moms Girokonto einzuzahlen. Dann wären alle ihre Sorgen vorbei, so dachte ich zumindest.

Unser Haus war etwas heruntergekommen. Mein Großvater kam und machte Reparaturen im Haus. Ich liebte seine Besuche. Er brachte riesige Mengen an Gemüse aus seinem Garten mit. Oft aß ich bereits Karotten, noch während er sie aus seinem Kofferraum auslud und bevor sie gewaschen waren. Manchmal begleitete ihn Oma Mimi.

Bei einer seltenen Gelegenheit schliefen alle drei Großeltern bei uns im Haus. Eines Morgens, als noch niemand auf war, lagen Oma Flora und ich im Bett und unterhielten uns. Ich fragte meine Grandma, warum sie nicht Opa heiratete.

„Er hat doch eine Frau, deine Oma Mimi.“

„Ja, aber ich mag sie nicht“, gab ich zu. „Sie mag nur Kay und Joanie. Aber du liebst uns alle.“

„Nein, das ist nicht wahr“, behauptete sie.

Doch ich widersprach und sagte, dass Oma Mimi gemein sei und ich sie nicht mochte.

Was ich als Kind nicht wusste, war, dass Oma Mimi vom Nebenzimmer aus jedes Wort von mir hören konnte. Den ganzen Tag über hatte sie Tränen in den Augen. Jedes Mal, wenn sich unsere Augen trafen, waren die ihren wässrig. Mir war damals nicht klar, dass sie unser Gespräch belauscht hatte. Ich empfand auch nicht die geringste Sorge um ihre Gefühle.

Da meine Mutter ein Kind nach dem anderen bekommen hatte und häufig in die staatliche Nervenheilanstalt eingewiesen worden war, hatten meine Oma Mimi und mein Opa meine jüngeren Geschwister, Kay und Joanie, von der Geburt bis zu ihrem fünften Lebensjahr zu sich genommen. Meine Großeltern liebten sie deshalb, als seien es ihre eigenen Kinder. (Jahre später dachte ich oft, dass mein Großvater Kay und Joanie so sehr liebte, weil nichts in ihrem Wesen seinem Sohn ähnelte.) Es war also wahrscheinlich ganz normal, dass die beiden einen besonderen Platz in ihrem Herzen hatten. Mein Großvater nannte Kay „Pumpkin“ (Kürbis). Mich hat er nie so genannt. Ich war sehr eifersüchtig und suchte nach einem Weg in sein Herz. Großmutter Mimi nähte oft schöne Kleider für sie. Manchmal trug ich sie, aber wenn sie es entdeckte, wurde ich sofort aufgefordert, sie auszuziehen. „Aber ich will auch schöne Kleider“, sagte ich dann. Doch diese Bitten stießen auf taube Ohren.

Bei ihren Besuchen inspizierte mich Oma Mimi, bevor ich zur Schule ging. Sie kontrollierte, ob ich die Unterhemden meiner Schwestern anhatte. Ich liebte diese warme Unterwäsche, besonders an den kalten Wintertagen. Doch wenn sie entdeckte, dass ich Unterwäsche trug, die sie für eines meiner Geschwister gekauft hatte, schickte sie mich die Treppe wieder hinauf und beaufsichtigte mich, bis ich sie ausgezogen hatte. Sie markierte die Teile mit ein paar Stichen eines roten Fadens. Doch ich nahm einfach die Schere und entfernte ihre Markierungen. Allerdings konnte ich Oma nie davon überzeugen, dass sie mir gehörten. Ich lernte, mich aus dem Haus zu schleichen, bevor sie meine Kleidung unter die Lupe nehmen konnte.

Besuche von Großvater waren die Höhepunkte. Wir alle buhlten um seine Aufmerksamkeit. Wir alle wollten einen Platz auf seinem Schoß. Aber Opa konnte unmöglich alle sieben von uns im Arm halten, so sehr er es auch versuchte. Normalerweise hatte er Kay auf einem Knie und Joanie auf dem anderen. Ich hatte selten einen Platz auf seinem begehrten Schoß. Einmal, glaube ich, hielt er fünf von uns, als wir in unserem großen Schaukelstuhl saßen, aber das dauerte nur fünf Minuten. *Wenn ich Kay nur irgendwie aus dem Weg räumen könnte,* dachte ich, *hätte ich vielleicht eine Chance auf seinen Schoß.*

Wie bereits erzählt, liebte ich es, auf Bäume zu klettern, je höher, desto besser. Kay hatte ihre Stärken, das Klettern auf Bäume gehörte jedoch nicht dazu. Es war relativ einfach, sie hochzukriegen, aber der Weg nach unten erforderte Geduld.

Endlich! Ich hatte eine nützliche Schwachstelle gefunden!

Ich dachte, ich hätte den perfekten Plan ausgeheckt. Als Opa das nächste Mal zu Besuch kam, gab ich mir große Mühe,

Kay auf den Baum zu helfen. Ich ließ mir Zeit, behielt die Einfahrt im Auge und wartete auf Großvaters Ankunft. Wir saßen auf halber Höhe im Baum; ich schaffte es nicht, sie noch höher zu bringen. Sie war ängstlich.

„Keine Sorge, Kay", beruhigte ich sie. Ich versprach, ihr zu helfen, wieder herunterzukommen.

Als Opa und Oma Mimi in unsere Einfahrt fuhren, sprang ich in Sekundenschnelle vom Baum herunter. Ich hinterließ Kay sorgfältige Anweisungen und versicherte ihr: „Du schaffst das!"

Als sie merkte, dass ich sie verließ, brach sie in Schluchzen aus. Ich rannte zu Großvater und versuchte, ihn schnell ins Haus zu bringen. Leider hatte ich nicht bedacht, dass Großvater Kays Hilferufe von der Einfahrt aus hören konnte. Großvater kam Kay zu Hilfe und half ihr Schritt für Schritt aus dem Baum. Kay hörte lange genug auf zu weinen, um zu erklären, dass ich sie dort zurückgelassen hatte. Großvater schimpfte mit mir. So hatte ich an diesem Tag und für lange Zeit danach meine Chance auf seinen Schoß verloren. Aber es musste doch eine Möglichkeit geben ...

OMA FLORA RUFT

Als Teil unserer Schuluniform mussten wir marineblaue Kniestrümpfe oder marineblaue Strumpfhosen tragen. In unserem Haushalt war es manchmal äußerst schwierig, Strümpfe oder Strumpfhosen ohne Löcher zu finden. Also trug ich sie oft einfach mit Löchern oder rückwärts, um die Löcher zu verbergen. Das war zwar unbequem in meinen Schuhen, aber das war es mir wert.

Wenn Oma Flora bei uns war, hatte sie ständig mit Stopfen, Flicken und Waschen zu tun. Manchmal entschuldigte sie sich, dass sie nicht genau den richtigen Farbton beim Stopfgarn zur Hand hatte. Mir war es egal, welche Farbe sie verwendete; ich war so stolz darauf, die geflickte Strumpfhose zu tragen, und zwar deswegen, weil sie jedem, der sie sah, zeigte, dass es zu Hause jemanden gab, der mich liebte!

Einmal, nach einem Besuch bei meiner geliebten Oma Flora, geriet ich nach der Rückkehr aufgrund des Chaos in unserem Haus völlig aus dem Gleichgewicht. Im Haus von Oma Flora war alles ordentlich und aufgeräumt. Wenn ich Klebeband brauchte, ging ich einfach zu Oma Floras Schreibtisch, zog die zweite Schublade heraus, und wie von Zauberhand war das Klebeband da. Bei uns zu Hause wusste niemand, wo das Klebeband war – wenn wir überhaupt welches hatten! Mir erschien das auf einmal so schrecklich, dass ich wochenlang nicht zur Schule gehen konnte. Meine Mutter schien es zu verstehen und sagte mir, ich könne so lange zu Hause bleiben, wie ich es bräuchte; ich solle ihr Bescheid geben, wenn ich bereit sei, wieder hinzugehen.

Wenn meine Mutter im Krankenhaus war, kümmerte sich oft meine geliebte Großmutter Flora um uns. Ich erinnere mich an ihre Überraschung, als sie uns alle wusch und ins Bett brachte und dabei erfuhr, dass Mama uns nie wusch. Oma Flora meisterte die Situation, indem sie erklärte, dass wir alt genug und in der Lage seien, uns selbst zu waschen. Manchmal tat ich das auch.

Oma Flora erlaubte uns nie, im Bett zu essen. Einmal habe ich Karotten mit nach oben in mein Zimmer geschmuggelt und sie unter meinem Kopfkissen versteckt. Ich wusste, dass ich hätte warten sollen, bis sie wieder nach unten ging, aber aus irgendeinem Grund konnte ich einfach nicht widerstehen und fing an zu knabbern. Großmutter Flora hörte das Knacken, erwischte mich und schimpfte mich aus. Sie steckte meine Möhren in ihre Schürzentasche und machte sich daran, das nächste Kind, Gary, zu waschen. Sie war erstaunt, wie schmutzig seine Ohren waren. Sie meinte, seine Ohren seien sooo schmutzig, dass man darin einen Gemüsegarten anlegen könne.

Sie erklärte: „Sieh doch! Aus deinen schmutzigen Ohren wachsen Karotten."

Zum Beweis hielt sie ihm eine Möhre aus der Schürzentasche vor die Nase. Aber Gary fiel nicht darauf herein, weil sie schon geschält waren. Wir alle haben uns noch jahrelang über diese Geschichte amüsiert und darüber gelacht. Und jedes Mal, wenn sie neu erzählt wurde, haben wir uns wieder riesig gefreut.

Wenn Großmutter Flora bei uns war, war alles gut, und das Leben schien fast normal zu sein. Wir hatten nicht viele Lichtblicke in unserem Alltag, aber sie hatte die Gabe, das Gewöhnliche in etwas Außergewöhnliches zu verwandeln.

Wir Kinder verbrachten viel Zeit mit Spielen im Freien. In unserer Nachbarschaft gab es etliche Kinder. Wir spielten oft bis zur Abenddämmerung zusammen. Im Sommer war das ziemlich spät. Ich liebte es, wenn Großmutter Flora uns zur Nachtruhe rief. Es klang fast wie eine Melodie, wenn sie unsere Namen in der Reihenfolge unserer Geburt rief. Wir kamen dann immer nach Hause gerannt.

Wenn meine Mutter unterwegs in den Pubs war, gab es niemanden, der uns in der Abenddämmerung hereinrief. Eine Familie nach der anderen rief ihre Kinder heim. Wir waren immer die letzten, die noch draußen waren und konnten so lange draußen bleiben, wie wir wollten. Aber irgendwie machte es ohne die anderen Kinder keinen Spaß mehr. Wir gingen dann nach Hause in ein leeres Haus und aßen einfach, was wir finden konnten. Meistens waren es Cheerios (Haferring-Frühstücksflocken).

Als Kind empfand ich es als schmerzhaft, dass uns niemand aus der Abenddämmerung rief. Ich sehnte mich danach, von einer Mutter gerufen zu werden, wie die anderen Kinder. Also unterbrach ich oft unser Spiel, bevor die anderen Kinder gerufen wurden, neigte meinen Kopf in Richtung unseres Hauses und sagte: „Mama ruft. Zeit, nach Hause zu gehen." Die anderen Kinder sagten dann: „Wir habe niemanden rufen hören." Ich erklärte nur: „Ich habe halt ein besonders gutes Gehör." Dann trommelte ich meine Geschwister zusammen und führte sie nach Hause. Unsere ältere Schwester spielte nie mit uns draußen. Sie war entweder bei einer Freundin, in der Bibliothek, in ihrem Zimmer oder beim Babysitten.

Wenn wir dann alle drinnen waren, sagte jemand: „Hey, was soll das denn? Mama ist doch gar nicht zu Hause. Wir hätten noch draußen bleiben können." Ich habe mich nie erklärt. Und die anderen haben das Thema ruhen lassen. Es war ein wunderbares Gefühl für mich, hereingerufen zu werden – und sei es auch nur imaginär.

Bei meiner geliebten Großmutter Flora fühlte ich mich heil und angenommen. Ich wurde geliebt und wertgeschätzt. In ihrem Haus zu sein, war, als würde ich in eine ganz andere Welt eintauchen – eine Welt, nach der ich mich sehnte. Grandma Flora sah immer das Beste in jedem. Oft sprach sie es auch aus. Einmal bemerkte sie in der Kirche ziemlich laut, was für schönes Haar die junge Frau vor uns doch habe.

Ich flüsterte: „Oma Flora, sie kann dich hören!“

„Das ist schon in Ordnung“, antwortete sie in Normallautstärke. „Es ist nichts Falsches daran, die Wahrheit zu sagen und jemandem, der so schöne Haare hat, ein Kompliment zu machen.“

Die junge Frau drehte sich um und strahlte meine Großmutter Flora an.

Grandma wusste immer das Richtige zu tun und zu sagen. Man konnte auf ihr Wort vertrauen und sich auf sie verlassen. Großvater war genauso. Wie sehr wir Kinder jeden Moment mit ihnen liebten und schätzten.

04

Kann es noch schlimmer werden?

WER BIN ICH?

Ich habe immer gewusst, dass Gott vollkommen ist. Dass alles, was er tut, gut und richtig ist. Aber so sehr ich mich auch bemühte, ich konnte einfach nicht begreifen, wie er einen solchen Fehler begehen konnte, mich als Mädchen zu schaffen. Es passte für mich nicht zusammen. Denn tief in meinem Herzen glaubte ich, dass ich als Junge hätte geboren werden sollen. So war ich nun einmal. Ein Junge. Und nicht ein Mädchen – dachte ich. Alles an mir war wie bei einem Jungen. Das Einzige, was nicht stimmte, war mein Körper; es war der eines Mädchens.

Von links nach rechts. Aileen, Linda, Denise, Gary und Kay.

Ich liebte es, mit den Spielzeugautos und Lastwagen meines Bruders im Dreck unseres Hinterhofs zu spielen. Auf vielen unserer frühen Bilder sieht man mich mit einem Spielzeugauto in der Hand.

Ich habe nie den Reiz verstanden, mit Puppen zu spielen und so zu tun, als wäre ich ihre Mutter. Einmal bekam ich zu Weihnachten eine Jane-West-Puppe mit ihrem Pferd und allem Zubehör. Das war die erste „Puppe“, die mir je gefiel. Einmal schockierte ich Kay, meine Schwester, indem ich ihr sagte: „Ich bin nicht wirklich deine Schwester. Ich bin ein verkleideter Junge.“

Das beschrieb ziemlich genau, wie ich mich wirklich fühlte. Aber ich war nicht auf ihre Reaktion vorbereitet. Ich dachte, sie würde es verstehen. Sie brach in Tränen aus und war verängstigt. Ich fand Worte, um sie zu beruhigen und sie davon zu überzeugen, dass ich nur einen Scherz gemacht hatte. Innerlich hatte ich meiner engsten Schwester offenbart, was ich wirklich fühlte. Auch ich war verwirrt. Wie konnte Gott einen so dummen Fehler begehen?

Meinen Namen habe ich immer gemocht. Denise Michele. Meine Familie ist französischer Abstammung und unheimlich stolz darauf. Eines Tages sprachen meine geliebte Großmutter Flora und ich über Namen. Sie verriet mir, dass sie für meine Namensgebung verantwortlich war. Sie erzählte mir, wie sie sich eingemischt und darauf bestand hatte, dass ich einen Mädchennamen bekäme.

„Was? Warum haben Mama oder Papa mir keinen Namen gegeben?“, wollte ich wissen.

„Nun, dein Vater hatte schon einen Namen für seinen Sohn ausgesucht. Du solltest ein Junge werden und kein Mädchen. Er war fest entschlossen und bestand darauf, dir einen Jungennamen zu geben. Also habe ich ihn aufgehalten. Daraufhin war er wütend und sagte zu mir: ‚Dann gib du ihr doch einen Namen!' Das habe ich getan", erklärte sie.

Jahre später sollte sich diese Information als unglaublich wertvoll erweisen. Aber in diesem Moment war es ein erheblicher Schock.

Ich vertraute meiner geliebten Großmutter Flora völlig und wusste, dass sie mir immer die Wahrheit sagte. Ich war froh, dass sie es nur „zufällig" erwähnte. Sie hatte keine Ahnung, warum ich es zutiefst verachtete, Kleider zu tragen und an meinem Haar „herum zu pfuschen". Meinen inneren Glauben in Bezug auf Gottes „Fehler" teilte ich nur meiner engsten Schwester mit, und das auch nur teilweise. Es war ein Geheimnis, über das ich oft nachdachte.

Warum wollen eigentlich Kinder ihren Eltern gefallen? Auch wenn die Väter im Unrecht sind?

NACH DER SCHEIDUNG

Vor der Scheidung hatte Papa immer den Rasen gemäht. Nach der Scheidung mähte zunächst niemand mehr unseren Rasen, weil Papa den Rasenmäher mitgenommen hatte. Zwei Häuser weiter wohnte ein äußerst freundlicher Nachbar. Er erlaubte mir, seinen Handrasenmäher zu leihen. Ein sauber gestutzter Rasen gab mir irgendwie das Gefühl, mich nicht schämen zu müssen.

Später kaufte mein jüngster Bruder von seinem eigenen Geld einen Rasenmäher. Er baute sich einen Kundenstamm in unserer Stadt auf und mähte für Geld. Er begann dann auch, unseren eigenen Rasen zu mähen.

Eines Nachts, nachdem ich ein Baby gehütet hatte, fuhr mich dessen Vater nach Hause. Ich wies ihn an, vor dem Haus unseres Nachbarn anzuhalten und behauptete, es sei unseres. Er fragte, ob ich mir sicher sei, und wiederholte die Frage zweimal.

„Ja", log ich. „Lassen Sie mich gleich hier aussteigen, das ist unser Haus."

Er muss meine Scham verstanden haben und hielt. Ich ging den Eingangsweg zum Haus unseres Nachbarn hinauf und lief zu dessen Hintertür. Dann wartete ich, bis das Auto weggefahren war, bevor ich zu unserer eigenen Hintertür hinüberging. Ich schämte mich des heruntergekommenen Zustands unseres Hauses. Wie sehr sehnte ich mich danach, ohne Schande zu leben.

Nach der Schule kam manchmal eine Freundin zu uns nach Hause. Ich fand es so peinlich, als ich einmal in der Schule hörte, wie sie einer anderen Klassenkameradin die Eigenschaften von Captain-Crunch-Müsli beschrieb:

„Ja, es bleibt knusprig, so wie wenn man bei Denise über den Küchenboden läuft", sagte sie. „Es knuspert, knuspert und knuspert!"

SCHANDE UND DEMÜTIGUNG

Da sich niemand um die Instandhaltung des Hauses kümmerte, wies unser Haus erste Anzeichen von Verwahrlosung auf. Großvater tat, was er konnte, aber es war einfach nicht genug. Ich betete immer um eine weiße Aluminiumverkleidung mit schwarzen Zierleisten. Dieses Gebet wurde, wie viele andere, in meiner Kindheit nicht erhört. Aber Jahre später, als das Haus den Besitzer wechselte, wurden Verbesserungen vorgenommen. Ja, sogar eine weiße Aluminiumverkleidungen mit schwarzen Zierleisten. Wenn ich Jahre später meine Heimatstadt besuchte, fuhr ich daran vorbei und empfand ein Gefühl der Dankbarkeit und des Stolzes.

*

Einmal nach der Scheidung, als wir alle noch sehr jung waren, war Mutter wieder krank. Sie hatte eine schlimme Erkältung, vielleicht sogar eine Lungenentzündung. Sie rief uns alle in ihr Schlafzimmer und sagte uns, dass sie am Karfreitag mit ihrem Herrn zusammen sterben würde. Wir fingen alle an zu weinen und nahmen ihr Wort als Tatsache hin.

Nachdem der Schock über Mamas baldigen Tod etwas abgeklungen war, wurde uns klar, dass wir einen Plan brauchten. Es wurde beschlossen, dass jedes Kind zu seinen jeweiligen Pateneltern gehen würde. Ich war so erleichtert, dass meine geliebte Großmutter Flora meine Patentante war. Im Laufe der Tage besserte sich Mamas Zustand nicht. Sie blieb im Bett.

Als Ostern kam und ging, wurde uns, zumindest den Älteren, klar, dass Mamas Zustand nicht nur körperlich war. Ich würde also doch nicht bei meiner geliebten Großmutter Flora leben, sondern in diesem „Irrenhaus“ bleiben. Wegen meiner Enttäuschung hatte ich enorme Schuldgefühle.

*

Ich betete immer, dass Gott die Ehe meiner Eltern wiederherstellen möge. Ich weiß nicht mehr, was mich veranlasste, meiner Mutter davon zu erzählen, aber als ich es tat, fing sie an zu würgen. Sie sah aus, als ob sie sich übergeben müsste. Verblüfft über ihre Reaktion, stellte ich sie zur Rede. Ich dachte, ich hätte die perfekte Lösung gefunden.

„Bete das nie wieder!!!“, forderte sie. „Ich danke dem lieben Gott jeden Tag, dass ich von Johnny befreit bin!“

Allein die Erwähnung meines Vaters ließ sie würgen. Ich verstand ihren Standpunkt. Darum begann ich für sie zu beten, dass sie einen guten Mann kennenlernen würde.

Nach der Scheidung beschloss Mom, sich mit anderen Männern zu treffen. Eines Abends machte sie sich für eine Verabredung bereit. Ein wirklich netter und feiner Mann kam zu uns nach Hause. Er war sehr höflich und freundlich. Er hatte einen starken britischen Akzent. Ich mochte ihn vom ersten Moment an. Er war nicht wie einige der Betrunkenen, mit denen meine Mutter Zeit verbrachte. Er benahm sich wie ein echter Gentleman. Während Mama sich oben fertig machte, kam ich mit ihm ins Gespräch. Ich mochte ihn. Ein Mann, der sich mit einer Geschiedenen verabredet, obwohl er weiß, dass sie sieben Kinder hat, ist ein mutiger Mann. Ich konnte mir durchaus vorstellen, dass meine Mutter eine Zukunft mit diesem Mann haben würde. Ich stellte mir dieses Bild in meinem Kopf vor, und ohne darüber nachzudenken, fragte ich ihn, ob er meine Mutter heiraten wolle.

Am nächsten Tag, nach der Verabredung, setzte sich Mama mit mir zu einem kleinen Gespräch zusammen. Sie fragte mich, worüber ihr Date und ich am Abend zuvor gesprochen hatten. Also erzählte ich es ihr. Sie war sehr verärgert. Sie sagte mir, dass sie ihn wirklich mochte, aber dass ich ihn mit der Heiratsfrage vergrault hatte. Ich hatte nur versucht zu helfen, und nun waren alle Chancen auf eine Beziehung dahin. Ich war so traurig über meinen Fehler, und Mom war es auch.

Nach diesem Fiasko hatte meine Mutter einen Freund namens Larry. Er ging mit uns in den Wald spazieren. Ich mochte ihn nie wirklich, weil er ein Säufer war und kein Format hatte. Eines Abends lud er uns alle zum Abendessen ein. Ich wollte nicht mitgehen, obwohl meine Mutter alles versuchte, um mich zu überzeugen. Er kaufte meiner ältesten Schwester Linda eine Miniatur-Westernlampe. Oh, wie sehr ich diese Lampe liebte! Aber das hätte ich Mama gegenüber nie zugegeben. Mama sagte: „Wenn du mit uns gegangen wärst, hätte Larry dir vielleicht auch eine gekauft." Ich blieb bei meiner Meinung; ich ließ mich nicht mit einer Lampe kaufen.

Eines Tages fragte mich Mom, ob ich ihn irgendwann mal als meinen Stiefvater akzeptieren könnte. Ich sagte zu Mama: „NIEMALS!!!" Was ich mir für Mama vorstellte, war kein trinkender Mann, sondern ein guter und gesunder Mann. Nicht Larry! Kurz darauf hörte sie auf, ihn zu treffen. Wieder hatte ich ihre Chance auf Glück verpfuscht. Jahre später wurde mir klar, was für einen Schlamassel ich angerichtet hatte.

ALKOHOLPROBLEME

Nach der Scheidung begann meine Mutter zu trinken. Sie sagte uns, sie gehe einkaufen. Doch dann kam sie erst Tage später und ohne die Einkäufe zurück. Die Schränke waren oft leer.

Einmal ging ich zu der Kneipe, die sie häufig besuchte. Als ich unser Auto vor der Tür parken sah, wusste ich, dass sie drinnen war. Also ging ich hinein, um sie zu überreden, nach Hause zu kommen. Aber sie war nicht erfreut, mich zu sehen und forderte mich unmissverständlich auf, zu verschwinden. Sie war sogar unhöflich. Trotzdem ging ich immer wieder in die Kneipen und versuchte, sie zur Vernunft zu bringen und nach Hause zu kommen.

Sie wechselte die Kneipen und ich lief dann von Bar zu Bar. Doch wenn ich Mom fand, war sie nie bereit, mit mir nach Hause zu gehen. Ab einem gewissen Zeitpunkt ließ sie das Auto zu Hause stehen. Oft blieb sie tagelang weg. Wir fanden schließlich einen Weg, ohne sie auszukommen. Es waren harte, dunkle Tage für uns Kinder. Für uns alle sieben. Ich war die Zweite. Meine Schwester war nur neunzehn Monate älter als ich. Zwischen meiner ältesten Schwester und unserem jüngsten Bruder lagen nur acht Jahre.

Ich schrieb meiner Mutter immer Zettel und versteckte sie dort, wo sie sie finden konnte. Sie lauteten in etwa wie folgt:

> *Liebe Mama,*
> *ich habe dich sehr, sehr lieb. Aber wenn du nicht aufhörst zu trinken, werde ich dich nie wieder lieben.*
>
> *Deine Tochter,*
> *Denise*

Jahre später vertraute sie mir an, dass sie die Zettel zu den seltsamsten Zeiten fand und weinend zusammenbrach. Doch aus meiner Sicht schienen diese Notizen nie die geringste Wirkung zu haben. Trotzdem schrieb ich sie weiter, verzweifelt auf der Suche nach einer Möglichkeit, sie vom Trinken abzuhalten.

Manchmal hörte ich mitten in der Nacht, wie Mama nach Hause kam. Zuerst war ich überglücklich ... bis ich das Zischen und Knallen hörte, wenn Bierdosen geöffnet wurden. Gelegentlich war sie auch nicht allein. Dann kam es vor, dass der Geruch von Steaks und Zwiebeln die Treppe heraufstieg. Wir mussten in ihrer Abwesenheit oft ohne Lebensmittel auskommen. Doch jetzt brutzelte und aß sie Steaks mit wer weiß wem. Ich war wütend. Sie war wieder da, aber ich musste sie mit dem Bier und demjenigen teilen, der sich unten aufhielt.

Morgens ging ich in die Küche und schüttete alle übrig gebliebenen Bierdosen, die ich fand, in den Abfluss. Ich lernte aber auch, nach Kleingeld zu suchen, das in der Couch oder zwischen den Kissen versteckt war. Manchmal fand ich ein kleines Vermögen. Ich behielt meine Entdeckung für mich und suchte nach Münzen, wenn niemand in der Nähe war.

Mama hatte auch ihre guten Tage. Dann schien das Leben fast normal zu sein. Sie blieb zu Hause, ging wirklich einkaufen und kochte für uns. Leider waren diese Tage nur sporadisch und man wusste nie, was als Nächstes passieren würde.

Als Kind habe ich mich immer danach gesehnt, dass meine Mutter glücklich ist. Ich wollte, dass sie ein gutes Leben hat. Dieser Wunsch schien nicht unvernünftig zu sein. Und doch war er unerreichbar. Monat für Monat. Jahr um Jahr. Kein Glück für Mama in Sicht.

DIE KRAWATTE

Als ich in der achten Klasse war, nahm ich am Nähunterricht teil. Unser erstes Projekt war eine Herrenkrawatte. Ich war so stolz auf mein fertiges Produkt. Unsere Lehrerin sagte uns, wir sollten unsere Krawatte einem Mann schenken, den wir liebten. Sie sagte uns, das könne jeder sein: unser Vater, unser Opa, ein Verwandter, ein Nachbar oder ein Freund. Aber jemandem, den wir liebten. Ich hatte meine Entscheidung getroffen. Ich würde meine Krawatte meinem Großvater schenken. Ich liebte ihn. Er hatte mir nie wehgetan.

Ich nahm meine Krawatte mit nach Hause, wusch sie und bügelte sie, wie meine Lehrerin es mir empfohlen hatte. Sie war einfach perfekt. Dann wartete ich auf den freudigen Tag, an dem Opa zu Besuch kommen würde. Alle meine drei Großeltern waren an diesem Tag anwesend.

„Opa, ich möchte dir etwas schenken", erklärte ich. „Es ist eine Krawatte, die ich in der Schule gemacht habe. Meine Lehrerin hat gesagt, wir sollen sie jemandem schenken, den wir lieben."

Oma Mimi wurde richtig wütend. „Die Krawatte gebührt deinem Vater", verlangte sie.

„Aber meine Lehrerin hat gesagt, wir sollen sie jemandem geben, den wir lieben", erklärte ich.

„Du liebst deinen Vater!", behauptete sie.

Ich diskutierte nicht mit ihr, sondern bestand darauf, dass Opa meine Krawatte bekam. Als ich sie ihm schließlich in die Hand drückte, sahen seine Augen so traurig aus. Ich konnte nicht verstehen, warum er so unglücklich aussah. Ich hatte so hart an meiner Krawatte gearbeitet, und sie ihm zu geben, war ein Ausdruck meiner Liebe. Ich schämte mich nicht für meine Zuneigung zu ihm.

Während dieses Austauschs saß meine geliebte Großmutter Flora abseits, schwieg und beteiligte sich nicht an dem Gespräch. Aber sie hatte einen Blick des Triumphs in ihren Augen. Ich verstand dessen Bedeutung nicht, aber ich sah diesen Blick des Sieges. Meine Liebe und Hingabe an meinen Großvater anstatt an meinen Vater waren ein unbestreitbares Lehrstück.

DIE TONIGHT SHOW MIT JOHNNY CARSON

Eines Nachts war ich lange wach und sah mir die „Tonight Show mit Johnny Carson"[3] an. In dieser Sendung wurde eine afroamerikanische Dame vorgestellt. Bei uns in der Gegend lebten keine Afroamerikaner, und ich hatte noch nie persönlich einen gesehen.

Als mein Vater noch bei uns gewohnt hatte, war er jedes Mal wütend geworden, wenn wir eine Afroamerikanerin im Fernsehen singen oder auftreten sahen, und hatte sie giftig kritisiert. Er sagte böse Dinge wie: „Man sollte alle Nigger und Juden zusammentreiben und sie in den Lake Superior werfen."

„Ja, aber dann würden sie ertrinken", überlegte ich.

„Genau!", sagte er grinsend.

[3] Sie lief 1962 – 1992 im amerikanischen Fernsehn.

Ich fragte mich oft, warum er so gegen sie war. Wenn er anfing, sich zu beschweren, während wir fernsahen, hätte ich ihn gerne aufgefordert still zu sein, damit ich etwas von ihrem Auftritt mitbekäme. Natürlich traute ich mich nicht.

Aber jetzt war Dad nicht mehr da, und ich konnte mir die Dame ohne Störung anhören. Sie begann ihre Rede mit einer beruhigenden, leicht singenden Stimme. Sie hatte meine ungeteilte Aufmerksamkeit, als sie nun über die Nöte und Schwierigkeiten sprach, die das Leben mit sich bringen kann. Ich hing an ihren Lippen. Sie sprach über den Wert von roher Erde, die Tatsache, dass sie nicht viel wert sei. Aber wenn diese rohe Erde mit der Zeit unter Druck gesetzt wird und dem Druck standhält, wird sie zu Kohle. Wertvoller. Und Kohle, die dem Druck standhält, wird zu Diamanten. Sie betonte ausdrücklich, dass die Kohle der schrecklichen Belastung standhalten müsse. Ich war wie hypnotisiert. Ich wusste, dass ich die Wahrheit über mich gehört hatte. Ich würde dem Druck des Lebens standhalten und als Diamant herauskommen.

EIN URLAUB IN KANADA

Eines Tages trat eine Frau namens Janis in unser Leben, um uns zu helfen. Mama genoss ihre Gesellschaft. Ich hinterfragte oft ihre Motive und analysierte ihre Absichten. In meinem kindlichen Denken fand ich eine Diskrepanz darin, dass sie mit uns sieben Kindern oft überfordert zu sein schien. Aber jetzt, im Rückblick, wäre das jeder gewesen. Sie tat ihr Bestes, um Mama eine Freundin zu sein.

Einmal packte sie uns Kinder und Mom in ihr Auto und fuhr mit uns nach Ontario. Das war ein echtes Vergnügen, da wir äußerst selten irgendwo hinfuhren. Wir kamen in das Haus zu einer Frau, die ähnlich wie Janis war, nur dass sie entspannter mit uns umging. Wir hatten einen herrlichen Tag, und zur Schlafenszeit wurden wir Kinder in einem geräumigen Zimmer im Souterrain zum Schlafen auf den Boden gelegt. Wir hatten den ganzen Raum für uns allein. Mama sagte uns, dass wir am nächsten Tag spät abreisen würden.

Ich hatte andere Vorstellungen. Ich betete zu Gott und bat ihn, einen Weg zu finden, dass wir noch ein paar Tage länger in Kanada „Urlaub" machen könnten. Ich bat ihn, Janis' Auto kaputtzumachen.

Beim Frühstück erzählte ich Mom, dass ich darum gebetet hatte, länger bleiben zu dürfen.

„Denise, diese Leute waren sehr nett zu uns. Wir können ihre Gastfreundschaft nicht ausnutzen!", tadelte sie.

Unsere Gastgeberin lächelte selbstgefällig, da ihre Wohltätigkeit angemessen gewürdigt wurde.

Doch ich verkündete ungehemmt: „Ich habe gebetet, dass Janis' Auto eine Panne haben wird."

Janis' Gesichtsausdruck verriet ihren Ärger. Dann sprach sie, als wäre ich eine Art abscheuliches Monster.

Meine Mutter versuchte, die Wogen zu glätten: „Nach all der Freundlichkeit, mit der sie uns hierhergebracht hat, … und außerdem braucht sie ihr Auto, um zur Arbeit zu fahren."

Sie versuchte, an meine Vernunft zu appellieren, schimpfte sogar mit mir und sagte mir, es sei gemein, so etwas zu beten.

Aber das überzeugte mich nicht. Ich glaubte, dass Gott meine Sehnsucht, „Urlaub“ zu machen wie andere Familien auch, verstand. Wenn im Herbst die Schule wieder anfinge, könnte ich meinen Schulkameraden stolz erzählen, dass wir in Kanada im Urlaub gewesen waren. Ich war sicher, dass Gott dies alles möglich machen würde und sagte meinen Geschwistern, dass wir hierbleiben würden. Gott würde alles regeln.

Nun, am späten Abend waren wir alle wieder in Janis‘ Auto verstaut. Wir bedankten uns bei unserer netten Gastgeberin, verabschiedeten uns und fuhren los.

Mein Bruder Gary spottete: „Ich dachte, wir würden bleiben, Denise. Sieht aber gar nicht so aus.“

Ich war still. Ich sagte kein Wort.

Auf der Landstraße herrschte wenig Verkehr. Janis fuhr eine Zeitlang mit Fernlicht. Als Gegenverkehr kam, wollte sie es ausschalten, doch der Schalter blockierte. Ich hoffte, dass er genug „kaputt“ war, dass wir in Kanada bleiben konnten. Ich konnte eine tiefe Besorgnis in Janis‘ Stimme hören.

Mom wandte sich sofort an mich und fragte: „Hast du dir an ihrem Auto zu schaffen gemacht? Hast du das getan?“

Bevor ich ein Wort sagen konnte, ergriff Janis das Wort zu meiner Verteidigung. Sie sagte: „Sie kann nichts getan haben. Das Auto war die ganze Zeit verschlossen.“

Wie konnte Mom nur denken, ich hätte die Sache selbst in die Hand genommen, wo doch Gott die ganze Zeit für mich gearbeitet hatte?

Janis verkündete: „Wir müssen umdrehen und zurückfahren. So können wir nicht fahren; wir könnten einen Unfall verursachen."

Jetzt herrschte eine heilige Stille im Auto. Das Gespött meiner Brüder verstummte.

Ich liebte das Leben in diesem Haus sehr. Nach ein paar Tagen fragte mich unsere Gastgeberin, ob es genug sei und ob ich jetzt nach Hause gehen wolle. Ich nickte zustimmend mit dem Kopf. Meine Mutter fragte, wo wir das Auto reparieren lassen könnten.

Janis sagte: „Das wird nicht nötig sein, das Auto wird schon wieder!"

Endlich verstand sie, dass ich kein Unmensch war, sondern nur ein Kind, das im Gebet seinen tiefen Wunsch geäußert hatte, den Gott anscheinend in seiner Güte auf diese einzigartige Weise erfüllte.

Gott war mir schon immer wichtig, obwohl ich als Kind voller Rebellion war. Und Schmerz. Und Verwirrung. Und Aufruhr. Und Kummer ... Aber ich wusste, dass ich auf Gott zählen konnte, hielt ihn allerdings auf Distanz und ließ ihn nur bei seltenen Gelegenheiten zum Zug kommen. Ich hatte schon genug Leute in meinem Leben, die mich beherrschten und beeinflussten; da brauchte ich nicht auch noch ihn. Ich war widerspenstig, stur und trotzig. Ziemlich unbeherrschbar – sogar für Gott?

ICH, MIR, MEINER, MIR – UND MEINE GESCHWISTER

Wir Kinder waren alle ziemlich unabhängig, autark und selbstständig – zwangsläufig, allerdings mit Nebenwirkungen.

Selbstsucht war ganz natürlich für mich. Die Nummer eins war mir am wichtigsten – und das war ich selbst. Ich war ja Zeuge (und Opfer) der Boshaftigkeit meines Dads gewesen. Der hatte auch immer nur für sich selbst gesorgt. Unangenehme Gewohnheiten waren bei mir gang und gäbe. Ich habe gestohlen, gelogen und betrogen, ohne Gewissensbisse. Mein moralischer Kompass musste dringend kalibriert werden. Zwar ging ich regelmäßig zur Beichte, habe aber nie zu allen meinen Taten gestanden. Mir war klar, dass diese Priester genau wussten, wer ich war; warum sollte ich also reinen Tisch machen? Und warum sollte ein Priester Zugang zu den geheimen Informationen über alle meine Sünden haben?

Manchmal fragte er mich, ob das alles sei, was ich zu beichten hätte. Ich log oft und bat dann Gott, mir zu vergeben, dass ich den Priester angelogen hatte. Auch das war eine Sünde. Ich sagte mir, dass ich dem Priester beim nächsten Mal alles sagen würde. Manchmal tat ich das auch.

Ich war nicht so grausam wie mein Vater; ich liebte Tiere und würde ihnen nie etwas antun. Ich liebte die freie Natur, sie war mein großer Zufluchtsort. Aber tief in meinem Herzen wusste ich, dass ich dunkle Züge hatte, die meine Seele befleckten.

Mein jüngerer Bruder Gary (das dritte Kind) entwickelte nervöse Angewohnheiten. Er nahm jeweils ein kleines Stück seines T-Shirts zwischen die Finger und zwirbelte es immer in einer Richtung im Kreis. Das führte dazu, dass seine T-Shirts auf der Vorderseite kleine Löcher aufwiesen. Großmutter Flora schimpfte nie mit ihm, sondern versuchte, ihn mit Liebe gesund zu machen. Ich habe nie ein Zimmer mit ihm geteilt, aber ich habe gehört, wie Oma Flora jemandem erzählte, dass er nur einschlafen konnte, wenn er seinen Kopf hin und her wälzte. Das machte mich immer so traurig; es kam mir vor, als ob er die dunklen Erinnerungen aus seinem Herzen schleudern wollte wie die Schleuderstufe einer Waschmaschine.

Einmal hatte Dad ihn mit zur Jagd genommen. Mit Dads Hilfe hatte Gary ein Reh im Visier, und Dad sagte ihm immer wieder, er solle abdrücken.

Gary sagte nur: „Sieh dir seine schönen Augen an. Ich kann es nicht töten, Daddy."

Papa war wütend. Als sie nach Hause kamen, erzählte er allen, dass Gary kein Mann sei, sondern ein schwaches Mädchen. Gary ging nie wieder mit ihm auf die Jagd. Papa sagte immer wieder, er müsse nun warten, bis das Baby der Familie, Jeff, alt genug sei, um auf die Jagd zu gehen. Es würde Jahre dauern, bis er mit einem Gewehr umgehen könnte.

Kay, meine jüngere Schwester (das vierte Kind), die ich auf den Baum gelockt hatte, bevor Großvater zu Besuch kam, war anders als ich. Wir teilten uns ein Zimmer, und ich liebte sie sehr. Sie hatte einfach keinen Funken Hinterhältigkeit in sich. Ich habe oft über dieses Phänomen nachgedacht. Sie war freundlich und mitfühlend, fürsorglich und rücksichtsvoll. Kay war ehrlich, und sie erschrak, als ich ihr beibringen wollte, in Geschäften zu stehlen. Sie war anders, und ich wünschte mir von ganzem Herzen, so zu sein wie sie. Erst Jahre später entdeckten wir beide, warum wir so verschieden waren (sie hatte ja einen anderen Vater).

Meine geliebte Großmutter Flora beschrieb uns Kinder manchmal als einen Haufen wilder Indianer. In vielerlei Hinsicht waren wir das wohl auch. Als ich zum Beispiel stolz versuchte, Opa eines meiner Schulfotos zu geben, weigerte er sich mit der Begründung: „Ich will keine Bilder von dir mit Kratzern und Schnitten im Gesicht. Geh, ohne dich mit deinen Schwestern und Brüdern zu streiten, und dann nehme ich gerne eines deiner Bilder an."

Das war jedoch leichter gesagt als getan.

Manchmal kam Aileen (das fünfte Kind) weinend von draußen herein. Ein anderes Kind aus der Nachbarschaft hatte ihr wehgetan. Nachdem wir alle Einzelheiten des Vergehens erfahren hatten, taten wir uns zusammen, um diesem eine Lektion zu erteilen.

„Ihnen nach!", habe ich manchmal geschrien.

Mama sagte dann: „Nein, iss erst mal dein Abendessen."

„Aber Mama", beschwerte ich mich, „dann entkommen sie und gehen hinein, und wir können sie nicht mehr erwischen."

Doch Mama bestand darauf, und ich wusste, dass es vergeblich sein würde, nach dem Abendessen nach dem Täter zu suchen.

Einmal brachen mein jüngster Bruder Jeff (siebtes Kind), ein anderer Nachbarjunge und ich in ein altes Eisenbahngebäude ein. Der Nachbarjunge erzählte uns von einem schönen dicken

Seil, das wir stehlen könnten, um eine Tarzan-Schaukel in unserer großen Eiche zu bauen. Das Seil war viel schwerer, als wir drei bewältigen konnten, und wir kamen nur langsam voran.

Bald entdeckte uns die Polizei. Der Nachbarjunge gestand, dass es seine Idee gewesen war, und sie ließen Jeff und mich gehen. Der Nachbarjunge musste mit den Polizisten gehen, um das Seil zurückzugeben.

Allerdings schreckte ihn das nicht dauerhaft ab. Bald hatte er einen Weg gefunden, das Seil zu stehlen, und bat mich, auf unsere große Eiche zu klettern, um unsere Schaukel zu bauen. Es ging nur langsam voran, und ich war ein bisschen nervös, aber schließlich gelang es mir mit Hilfe des „Bodenpersonals", den richtigen Ast auszuwählen und das Seil zu befestigen. Es war eine wunderbare Tarzan Schaukel, welche die Kinder aus der ganzen Nachbarschaft anlockte.

BOOTSY

Nach der Scheidung stimmte Mama zu, einen Hund anzuschaffen. Wir waren alle so aufgeregt. Eine Familie ganz in der Nähe verschenkte Welpen. Linda, die Älteste, dachte sich einen cleveren Test aus, um den klügsten Welpen des Wurfs zu ermitteln. Sie wollte sie Penelope nennen. Mama schlug jedoch vor, sie nach ihrem geliebten Hund aus Kindertagen zu benennen, Bootsy! Sie war ein wunderschöner schwarzer Labrador mit einem Hauch von *Blue Tick Coonhound*. Ihr Name wurde wegen ihrer weißen Pfoten („Stiefeln") einstimmig angenommen. Und sie erwies sich als sehr kluger und wunderbarer Hund. Kay brachte ihr alle möglichen Tricks bei. Sie lernte schnell und hatte ein glückliches Leben mit der vollen Aufmerksamkeit von uns sieben Kindern.

Ich liebte es, mit Bootsy Spaziergänge zum Strand und durch die Wälder zu machen. Es war toll, einfach mit ihr zusammen zu sein. Ich erzählte ihr alle meine Geheimnisse, und ihr weites und großzügiges Herz bewahrte sie alle. Wir waren bei jedem Wetter zusammen unterwegs.

Einmal liefen wir weit hinaus auf den zugefrorenen Lake Superior. Da hatte ich plötzlich eine „brillante“ Idee. Wir würden zusammen über den See nach Kanada fliehen. Ich rannte nach Hause, um Lebensmittel und Vorräte einzupacken. Zwar traute ich mich nicht, es mir einzugestehen, aber tief in meinem Herzen wusste ich, dass wir bei den Minusgraden dort draußen erfrieren würden. Ich war jedoch „fest entschlossen“, meinen Plan durchzuziehen. Doch dann dachte ich auf einmal über den Tod meines geliebten Hundes nach. Ich konnte den Gedanken nicht ertragen, dass sie erfrieren würde, also verwarf ich meine Idee wieder.

Bootsy schlief immer neben meinem Bett. Wenn es nach mir gegangen wäre, hätte sie **in** meinem Bett geschlafen. Zu Beginn der Nacht haben wir es uns auch gemeinsam darin gemütlich gemacht, aber nach einer Weile rollte sie sich stets auf dem Boden neben meinem Bett zusammen. Wie sehr sehnte ich mich danach, mein Bett die ganze Nacht mit ihr zu teilen! Aber sie machte nie eine Ausnahme. Das war wohl auch gut so, denn Mama war dagegen, dass wir Bettgefährten waren. Vielleicht erinnerte sich Bootsy daran.

Einmal musste ich wegen eines Unfalls im Sportunterricht für mehrere Tage ins Krankenhaus. Mom berichtete später, dass Bootsy während meines gesamten Krankenhausaufenthalts weder gegessen noch mein Bett verlassen hatte. Mama sagte hinterher: „Sie war so traurig, dass ich es nicht übers Herz gebracht habe, sie aus deinem Bett zu werfen." Ich schätzte diese Nachricht sehr.

Ich ahmte nach, wie Bootsy ihre Vorderpfoten beugte und um ihren Körper herum einrollte. Indem ich meine Hände am Handgelenk beugte und meine Arme auf die gleiche Weise wie sie verschränkte, fühlte ich mich ihr näher. Und zugegebenermaßen habe ich auch heute noch etwas von dieser Angewohnheit.

Jedes Mal, wenn wir zum *Tasty Freeze*-Eisstand gingen, teilte ich mein Eis mit Bootsy. Sie bekam einen Schlecker und dann ich. Ich tat mein Bestes, um dies vor Mom zu verbergen. Sie fand es eklig, aber ich wusste, dass Bootsy Eiscreme liebte. Manchmal holte Mom auch ein kleines Eis für sie.

Bootsy rettete Jeff zweimal das Leben. Einmal, als wir im *Hot Pond* badeten, riss die Strömung Jeff von den Füßen, und er landete mit dem Gesicht nach unten im Fluss in Richtung Lake Superior. Wir standen alle wie erstarrt und sprachlos vor Schreck am Ufer, unfähig zu reagieren. Das heißt, alle bis auf Bootsy. Sie sprang in den Fluss, packte ihn an seinem Hintern und schwamm ans Ufer.

Das andere Mal rettete Bootsy ihm das Leben, als er die Straße überqueren wollte. Er hatte Bootsy an der Leine und die herannahenden Autos nicht bemerkt. Doch sie sah es und riss Jeff nach hinten, so dass er auf den Rücken fiel. Er erzählte mir, dass er zuerst wütend war, aber dann, als er erkannte, dass er in den Verkehr gelaufen wäre, war er dankbar,

Ich habe meiner Familie nie von meiner „brillanten Idee“ erzählt, nach Kanada zu fliehen. Indirekt hat sie also auch mir das Leben gerettet. Ich liebte sie mehr, als Worte es ausdrücken können.

*

Ich glaubte es wirklich,
dass Gott ein Alles-Vergebender ist.
Aber MEINE Sünden seien zu groß
und meine Seele zu dunkel.
Ich sei die Ausnahme von seiner Gnade.
Andere mochten Vergebung finden,
aber ich hatte seine Freundlichkeit erschöpft –
glaubte ich.

05

Die Rebellion

SOMMER 1972

Als wir Kinder waren, liebten wir das Spiel „Mein Auto“. Wir saßen mit den Nachbarkindern als große Gruppe auf dem Rasen des Nachbarhauses zusammen. Je nach unserer Sitzposition bekamen wir das Auto, das gerade vorbeifuhr, wenn wir an der Reihe waren. Ich war begeistert, wenn ich einen VW-Käfer „bekam“. Das war mein Traumauto. Oder wir schlugen Räder, machten Handstände oder andere erstaunliche Stunts. Wir schienen immer Spaß zu haben, selbst wenn wir nur zusammensaßen oder Zeit auf der Veranda verbrachten.

Im Sommer 1972, ich war gerade fünfzehn geworden, saßen meine Nachbarin Laura und ich gerne auf unseren Veranden, sie auf ihrer, ich auf unserer. Einmal kam ein Mädchen in unserem Alter, etwas älter als wir, namens Vicky die Straße herauf. Laura sagte mir, sie sei ein „böses“ Mädchen und dass wir nicht mit ihr reden sollten. Schnell, bevor sie uns erreichte, zog sich Laura ins Haus zurück. Ich wusste nicht, was ich davon halten sollte, also blieb ich auf unserer Veranda sitzen. Es erschien mir unhöflich, ins Haus zu verschwinden, zumal Vicky nah genug war, um uns weglaufen zu sehen. Außerdem war ich neugierig, also blieb ich.

Jeder in unserer Stadt kannte die Geschichte ihrer Familie. Eines Nachts, als ihre Mutter mit dem Auto nach Hause gebracht und vor dem Haus abgesetzt worden war, hatte sich ein schrecklicher Unfall ereignet. Sie wurde von dem Fahrzeug, das sie gerade nach Hause gebracht hatte, erfasst und die Straße hinunter in den Tod geschleift. Gerüchten zufolge hatte es sich um einen Beziehungsstreit gehandelt.

Ihr Blut befleckte die Straße. Wenn wir daran vorbeigingen, gafften wir es an. Ich habe mich immer gefragt, warum die Behörden das nicht beseitigt haben. Eine so schreckliche Erinnerung an dieses tragische Ereignis.

Vickys Vater hatte ein Alkoholproblem. Er hatte gelbe Augen. Manchmal traf ich ihn in dem kleinen Laden, der sich in der Nähe ihres Hauses befand. Ja, es stimmte, er war oft sturzbetrunken. Wir hatten alle Angst vor ihm.

An diesem Tag, als Vicky sich unserem Haus näherte, musterte ich sie genau. Ich versuchte zu verstehen, was sie „schlecht" machte. Sie trug modische Jeans mit Schlag und war barfuß. Als sie an unserem Haus vorbeikam, grüßte sie mich und ging weiter. Nachdem Vicky vorbei war, kam Laura wieder aus ihrem Haus. Ich erzählte ihr, dass Vicky mich im Vorbeigehen gegrüßt hatte und dass sie in Ordnung zu sein schien. Laura war anderer Meinung und ermahnte mich, vorsichtig zu sein.

Als Vicky das nächste Mal unsere Straße entlanglief, ging Laura erneut schnell ins Haus. Ich blieb auf meiner Veranda sitzen. Vicky und ich grüßten uns und unterhielten uns ein wenig. Wiederum beim nächsten Treffen lud Vicky mich ein, zu ihr nach Hause zu kommen, um Brownies zu backen. Laura hatte mich zwar gewarnt, aber ich sah kein Problem darin, gemeinsam Brownies zu backen.

Vicky und ich fingen an, uns kennenzulernen und wurden bald Freundinnen. Sie erzählte mir von einer neuen Gruppe von Leuten, die sie kennengelernt hatte – eine coole Hippie-Gruppe. Sie sagte, dass sie manchmal unten am Strand Lagerfeuer machten. Wir begannen, am Ufer entlangzulaufen, um sie zu suchen. Dank des lodernden Feuers war es nicht schwer, sie in der Nacht zu entdecken. Wir wurden sofort willkommen geheißen. Sie saßen um das Feuer herum, rauchten Gras und tranken Bier. Ich war ein wenig misstrauisch, denn ich hatte Gerüchte gehört, dass immer dann, wenn Gras geraucht wurde, Orgien stattfanden. Doch es dauerte nicht lange, bis auch ich anfing, mit Drogen zu experimentieren.

Vicky erzählte mir von einem Typen, in den sie verliebt war. Sein Name war Sam. Er gehörte zur Gruppe der coolen Hippies. Wir gingen häufig an seinem Haus vorbei, haben ihn aber nie gesehen. Dann setzte sie sich auf den Rasen vor seinem Haus und wartete stundenlang auf ihn. Sie war entschlossen; aber es wurde bald deutlich, dass er ebenso entschlossen war, sie nicht zu sehen. Für mich schien er der Anführer dieser Hippie-Gruppe zu sein.

Sie erzählte mir von einem Traum, den sie gehabt hatte. Darin waren wir alle am Strand und feierten um ein Lagerfeuer herum. Vicky sah sich selbst ins Wasser gehen. Sie lief einfach immer weiter.

Ein paar Nächte später ging sie tatsächlich in das dunkle, kalte Wasser des Lake Superior. Ich versuchte, sie aufzuhalten. Aber es war, als ob sie in Trance wäre. Ich erzählte den anderen aus der Gruppe von ihrem Traum. Sie sagten alle, dass sie das nur tat, um Aufmerksamkeit zu bekommen. Sie meinten, dass sie sich bald umdrehen und zum Ufer zurückkehren würde. Sie hatten Recht. Vicky hörte auf, mit uns herumzuhängen. Sie war so wütend auf Sam.

Bald konnten wir uns nicht mehr frei am Strand treffen. Die Polizei begann uns zu bedrängen. Wegen der Drogen und der Minderjährigen, die Alkohol besaßen, mussten wir vorsichtig sein, wo wir uns trafen.

In diesem Herbst begann ich mit der High-School. Ich war nervös und unsicher. Doch mit der Zeit fand ich mich zurecht und lebte mich in das Leben als High-School-Erstklässler ein. Ich trat dem Turner-Team bei. Meine Hauptdisziplinen waren Pferd und Trampolin. Das Trampolinspringen war erst kürzlich wieder in den Wettkampfbetrieb aufgenommen worden. Ich genoss es, Teil des Teams zu sein. Es gab mir ein Gefühl von Identität und Zugehörigkeit. Und – ich war gut!

In der High-School teilten sich die Schüler in vier verschiedene Gruppen ein:

- Die Freaks (die Hippie-Gruppe, die gerne feierte und Drogen nahm)
- Die Jocks (die Sportler und Mitglieder der Sportmannschaften)
- Die Nerds (die IT-ler und intellektuelle Gruppe)
- Die Außenseiter (die zu keiner Gruppe gehörten)

Wenn jemand zu einer Gruppe gehörte, wurde er von den anderen abgelehnt. Man hatte mit den anderen Gruppen nichts zu tun und hatte auch keine Verbindung zu ihnen. Jeder wusste, zu welcher Gruppe er gehörte und wo die anderen standen. Ich gehörte zu den Sportlern und war stolz darauf, Teil von ihnen zu sein.

An unserer Schule gab es klare Regeln und Richtlinien zu Drogen, dem Alkohol und dem Rauchen. Wenn jemand dabei erwischt wurde, wurde er sofort aus unserem Team entlassen.

Das Rauchen war auf dem Schulgelände verboten. Sam und seine Freunde fanden einen Weg, diese Regel zu umgehen, indem sie sich in den Pausen an den Grenzen des Schulgeländes trafen. Sie nannten diesen Ort „das Tor". Es handelte sich um eine Zufahrtsstraße der Feuerwehr mit einem Tor, das normalerweise verschlossen war. Er ermutigte mich oft, mich ihnen dort anzuschließen. Ich wusste, wenn ich jemals beim Rauchen erwischt würde, wäre das das Ende meiner Sportlerkarriere. Meine Sportfreunde ermahnten und ermutigten mich, das Rauchen aufzugeben. Sie hatten keine Ahnung, dass Zigaretten nicht das Einzige war, was ich rauchte.

Ich glänzte auf dem Trampolin und nahm bald an interschulischen Wettkämpfen teil. Allerdings hatte ich ein äußerst unangenehmes Problem. Jedes Mal, wenn ich hüpfte, verlor ich Urin. Das war extrem peinlich. Ich hatte keine Erklärung dafür, es verblüffte mich. Jahre später wurde mir klar, dass der sexuelle Missbrauch seinen Schaden angerichtet hatte, der sich allerdings nicht nur auf das Körperliche beschränkte. Ich sehnte mich nach Liebe und Akzeptanz. Ich hatte einen unstillbaren Appetit auf Abenteuer und neue Erfahrungen.

Oft gibt es Anzeichen und Symptome, die zeigen, dass jemand nicht gelernt hat, sich selbst zu lieben. Ein verzweifeltes, ungeduldiges und rücksichtsloses Leben gehört dazu – möglichst immer den kürzesten Weg zur unmittelbaren Befriedigung zu nehmen. Leider sind sich die Ungeliebten ihres Zustands nicht bewusst und haben auch nicht die Mittel, um sich zu ändern. Sie sind einfach nur hungrig, aber nie zufrieden. Das, womit sie sich ernähren, kann nicht satt machen. Und so war ich mir meines Zustands nicht bewusst.

DIE LÜGE

Während meines ersten Jahres in der High-School ging ich eines Tages den langen Korridor entlang, der zu den Umkleideräumen der Mädchen führte. Meine Sportlehrerin, Frau Larson, rief hinter mir her: „Hey, du! Die Jungenumkleide ist auf der anderen Seite der Turnhalle!"

Ich drehte mich kurz um, um zu sehen, mit wem sie sprach, ging aber weiter.

„Ja, du! Dreh um ... sofort!", forderte sie.

Ich drehte mich um und suchte den Jungen, der die Dreistigkeit besaß, den Gang zur Mädchenumkleide hinunterzugehen. Unsere Blicke trafen sich, und ich erstarrte. Teenager gingen rechts und links an mir vorbei. Sie taten ihr Bestes, um zu verbergen, dass sie sich für mich schämten, aber ich sah es in ihren Gesichtern. Ich war schockiert, als ich merkte, dass die Lehrerin mit mir sprach.

„Aber, Frau Larson", stammelte ich, „ich bin ein Mädchen!"

Auch sie war entsetzt, drehte sich abrupt um und verließ den Durchgang. Als ich später an diesem Tag nach Hause kam, stand ich vor dem Spiegel und analysierte mein Aussehen. Ich konnte Frau Larson keinen Vorwurf machen. Ich hatte das Sweatshirt meines kleinen Bruders Jeff an und trug einen Unisex-Haarschnitt.

Ich stand eine ganze Weile da und betrachtete mein Spiegelbild. Doch mein Äußeres zu analysieren, verhalf mir nicht dazu, mein Inneres zu verstehen.

Es gab einen bestimmten jungen Mann, zu dem ich mich sehr hingezogen fühlte. Würde er mein jungenhaftes Aussehen anziehend finden? Ich beschloss, nicht mehr die Klamotten meines kleinen Bruders in der Schule zu tragen, auch wenn sie mir wirklich gefielen.

Einmal fragte mich meine Großmutter Flora, warum ich nie Röcke oder Kleider trug.

„Weil diese Art von Kleidung lächerlich aussieht", antwortete ich.

„Oh, du hast einfach noch nicht das richtige Kleid für dich gefunden", erklärte sie. „Wenn du das nächste Mal in die Innenstadt gehst, schau einfach mal in der Modeabteilung, ob du etwas findest, das dir gefällt", ermunterte sie mich.

Ich beschloss, ihren Rat zu beherzigen. Als ich in die Stadt ging, kaufte ich von meinem Ersparten ein Kleid, das mir gefiel. Es war so anders als die gebrauchten Kleider, die in meinem Schrank hingen. Ich wählte ein rosafarbenes mit zarter, filigraner Spitze.

Meine Großmutter Flora machte mir jedes Mal Komplimente, wenn ich das rosa Kleid trug. Sie sagte, ich sähe aus wie ein Törtchen. Sie war eine weise Frau. Sie ermutigte mich auch, backen und kochen zu lernen. Doch ich hatte kein Interesse daran.

Sie ermahnte mich, wenn ich enge Jeans trug. „Du wirst keine Kinder bekommen können, wenn du so enge Jeans trägst. Das schadet deinen weiblichen Organen", warnte sie.

„Ich will keine Kinder haben, also ist es egal", antwortete ich. Ich wollte wirklich keine Kinder haben. Da ich in einer zerrütteten Familie aufgewachsen war, hatte ich kein Verlangen nach einer eigenen.

Ich hatte nicht vergessen, dass ich tief in meinem Herzen immer noch glaubte, was für ein schreckliches Durcheinander Gott angerichtet hatte. Ich hatte ein Junge werden sollen. Darüber habe ich gar nicht so oft nachgedacht; ich wusste es einfach. Aber ich war verwirrt: Wenn ich innerlich ein Junge war, warum fühlte ich mich dann zu Jungen hingezogen? Weil ich dieses Rätsel nicht lösen konnte, ließ ich es einfach auf sich beruhen.

Ich beschloss, aus dem Turner-Team auszutreten und mich der Gruppe der Freaks anzuschließen. Das bedeutete, dass ich alle meine Sportfreunde verließ und ihnen den Rücken kehrte. Sie waren loyale Freunde. Jeder kannte die Regeln und wusste, wie man sie einhält. Aber ich war so besessen davon, cool zu sein und akzeptiert zu werden, dass ich mich unter Wert verkaufte. Meine neuen Freak-Freunde waren ein paar Jahre älter als ich, coole und hippe Leute.

Mein Kleidungsgeschmack änderte sich, und ich begann, mich wie ein Freak zu kleiden. Auch mein Musikgeschmack wandelte sich. Ich hörte jetzt gerne Jimi Hendrix und Janis Joplin. Ich las Janis Joplins Autobiografie und war von ihrer Lebensgeschichte tief bewegt. Auch sie kannte den Schmerz, in der Schule ausgegrenzt und gemobbt zu werden. In ihren Teenagerjahren war sie übergewichtig gewesen und hatte unter Akne gelitten, die tiefe Narben hinterließ. Andere Kinder hatten sie gehänselt und sie mit Namen wie „Schwein", „Freak" und „Nigger-Liebhaberin" beschimpft. Außerdem war sie bisexuell. Das klang für mich interessant. „Warum eigentlich nicht? Was ist schon dabei?", dachte ich mir.

Ich fand es cool, in der Freak-Gruppe zu sein. Sam interessierte sich für mich. Ich fühlte mich geschmeichelt. Er lud mich zu einer Party in seinem Haus ein. Seine Eltern waren verreist. Ich war es nicht gewohnt zu trinken und war bald betrunken. Er führte mich in ein Schlafzimmer. Ich hatte keine Ahnung, was er vorhatte, aber ich genoss seine Aufmerksamkeit. Ich war vernarrt in ihn. Was er mit mir machte, tat weh. Wenn dies bedeutete, dass er sich für mich interessierte, war ich bereit, den Schmerz zu ertragen. Aber er kümmerte sich nicht wirklich um mich. Bald verstand ich, warum Vicky sich so betrogen gefühlt hatte.

Sam und ich hatten eine merkwürdige Beziehung. Ich dachte, ich liebte ihn. Obwohl wir nie über unsere Beziehung sprachen, hatten wir in Wahrheit gar keine. Es war einfach nur bequem für ihn. Er hatte einen Ruf und dem war er treu. Ich akzeptierte unser unausgesprochenes Arrangement.

In nüchternem Zustand konnte ich mich nicht zu Intimitäten aufraffen, aber das schien ihn nicht zu stören. Oft fragte er mich, ob ich „bereit“ sei. Damit meinte er, ob ich betrunken genug sei, dass es mir nichts ausmache. Ich habe mich unter Wert verkauft, weil ich glauben wollte, dass ich gewollt und begehrt sei. Obwohl ich wusste, dass er mich nicht liebte, war das, was wir hatten, irgendwie genug. Wie Vicky hat er mich benutzt. Ich war ein Ding, das benutzt wurde. Ich hatte wirklich wenig Selbstachtung und akzeptierte dummerweise diese unausgesprochene Vereinbarung. Das hat er ausgenutzt.

Sam war mein erster „Freund“, was jedoch eine ungenaue Bezeichnung für ihn war. In dieser Beziehung gab es keinen echten „Freund“. Aber ich war zu naiv, um das zu erkennen – fast wie jemand, der bereit ist, eine Fälschung zu akzeptieren, erschien mir dieses seltsame Arrangement besser als gar nichts. Ich hätte erkennen müssen, dass Menschen, die nur nehmen und nie geben, eben doch keine wahren Freunde sind. Wie sehr sehnte ich mich nach echten und authentischen Freunden.

Die Freak-Gruppe hasste und verachtete Autorität. Wir lebten in der Zeit, als die Hippiebewegung in den letzten Zügen lag und waren doch Teil von ihr. Ich nahm ihre Werte an und akzeptierte sie, ohne den Grund dafür zu kennen. Ihre Feindseligkeit wurde die meine. Wir hassten die Polizei und bezeichneten sie als „Schweine". Ich akzeptierte die Werte der Gruppe einfach als meine eigenen, glaubte, was sie glaubten, und hasste, was sie hassten. Es waren nicht meine Gefühle, aber ich machte sie mir zu eigen. Wenn man dem Hass einen Zentimeter gibt, nimmt er eine Meile.

LYSERGSÄUREDIETHYLAMID (LSD)

Ich experimentierte mit jeder erdenklichen Droge, von Marihuana bis Heroin. Kokain war mein Favorit. Einige meiner Freunde fixten. Ich war fasziniert und neugierig. Das machte Buffy, einer meiner engsten Freundinnen, Angst. Buffy tat ihr Bestes, um mich von dieser fixende Gruppe fernzuhalten. Ich ging auf LSD-Trips, und bei einigen befürchtete ich, nie wieder zurückzukehren (d.h. wieder herunterkommen zu können). Das war eine berechtigte Sorge. Mehrere Leute in unserer Gruppe hatten eine Überdosis LSD genommen und waren anschließend nie mehr derselben. Sie hatten sich „das Hirn weggeblasen". Ich wollte genug nehmen, um meinen „Trip" wunderbar und erstaunlich zu machen ... solange ich zurückkam.

Einmal wählten drei von uns einen abgelegenen Wald mitten im Winter als unseren Ausflugsort aus. Gemeinsam nahmen wir Drogen, aber nachdem ihre Wirkung eingesetzt hatte, ging jeder von uns in eine andere Richtung. Ich konnte hören, wie einer der Jungs Gott um Hilfe anrief. Er war in Schwierigkeiten, aber ich driftete in eine ganz andere Richtung. Jeder von uns stolperte und schwankte in seiner kleinen Welt. Dies war kein angenehmer Trip. Die Droge war mit etwas Schrecklichem gestreckt worden. Ich wünschte mir, nüchtern zu sein ... aber ich wusste, dass ich es einfach abwarten musste. Ich war in einem Albtraum gefangen und hoffte, wieder zur Vernunft zu kommen.

Nachdem wir wieder „unten angekommen" und versammelt waren, fragte ich den Mann, der in seiner Angst zu Gott gerufen hatte, was er erlebt habe und warum er Gott angerufen hatte. Er leugnete es eklatant – aber ich wusste, was ich gehört hatte, ob ich nun bekifft gewesen war oder nicht.

Dieser ganze „Spaß" forderte seinen Tribut von mir, aber ich glaubte, nichts zu verlieren zu haben. Ich war rücksichtslos gegenüber mir selbst und wild. Immer auf der Suche, aber nie etwas findend. Nur wer das Gefühl hat, ohne Hoffnung und Zukunft zu sein, ist bereit, alles in den Wind zu schlagen und zu sehen, wohin das führt.

LARRY

Buffy hatte einen Freund namens Larry, der ein Segelboot hatte und versuchte, uns das Segeln beizubringen. Er brachte uns auch das Pokerspielen bei. Larry interessierte sich für alles Mögliche, auch die schwarzen Künste und das Okkulte. Er bot uns an, Tarotkarten für uns zu lesen. Ich war offen für neue Erfahrungen und freute mich darauf. Meine Schwester Kay ging zuerst. Er hatte eine Menge vorauszusagen. Viele unangenehme Dinge. So schockierend es auch war, Jahre später stellten wir fest, dass jedes Ereignis und jede Sache, die er beschrieben hatte, genauso eintraten, wie er es vorausgesagt hatte.

Dann war ich an der Reihe. Ich war sehr gespannt. Er war beunruhigt, als er in meine Karten schaute, und weigerte sich, mir zu sagen, was er sah. Ich flehte ihn an, es zu erklären. Er sagte mir, dass ich eines Tages seinem Reich Schaden zufügen würde. Ich war verwirrt. Worauf bezog er sich?

Er erzählte uns von den schwarzen Messen, die er abhielt, und wie berauschend sie waren. Ich sagte ihm, ich sei dabei. Er solle mich nur wissen lassen, wann. Er baute seine Garage in seinen „Messraum" um. Ich war aufgeregt und bereit für ein neues „Abenteuer".

Als er begann, ging er durch den Raum und „spürte" und „fühlte" die Atmosphäre. Er sagte uns, dass es eine Präsenz im Raum gäbe, die es ihm nicht erlaubte, weiterzumachen. Jemand versperre ihm den Weg, voranzuschreiten. Ich fragte mich, wer der Übeltäter sein könnte und wie er sich an Larry vorbei in diese Versammlung geschlichen hatte. Er blieb vor mir stehen.

„Du musst gehen", sagte er. „Du bist der ‚Eine'. Du bist zu gut. Du kannst nicht bleiben." Ich war zutiefst enttäuscht und widersprach ihm. “Ich? Gut? Das ist ja wohl ein Witz! Es gibt nichts Gutes an mir. Ich bin ein böses Mädchen”, behauptete ich.

So sehr ich auch argumentierte, ich konnte ihn nicht überzeugen. Er zwang mich zu gehen. Ich war wütend und tief enttäuscht.

Jahre später, als ich auf dieses Ereignis zurückblickte und darüber nachdachte, wurde mir klar, dass jemand auf mich aufgepasst und mich beschützt hatte – Gott.

Eines Sommers verbrachte ich mehrere herrliche Wochen allein mit meiner geliebten Großmutter Flora. Als ich wieder nach Hause kam, erfuhr ich, dass Linda und Gary an einem Seminar namens "Transzendentale Meditation" teilgenommen hatten. Ich war wütend. TM war meiner Meinung nach eine coole und angesagte Sache. Alle meine Freunde dachten das auch. Ich hatte das Gefühl, meine Mutter habe mich ausgetrickst. Mich mit einer Zeit bei meiner geliebten Großmutter Flora geködert zu haben, schien mir unfair. Mir wurde gesagt, dass es daran gelegen habe, dass immer nur zwei aus einer Familie zugelassen würden, und dass die anderen beiden es viel mehr gebraucht hätten als ich.

Ich war jedoch dafür offen und suchte in Richtung Buddhismus und Hinduismus. Der Katholizismus war mir so lange aufgedrängt worden, bis ich dachte, ich müsste mich übergeben. Ich hatte kein Interesse mehr an irgendetwas, was mit Kirche zu tun hatte. Doch rückblickend erkenne ich, dass immer „jemand" über mich gewacht hat und mich letztendlich davor bewahrte, mein Herz für diese Art von „Meditation" zu öffnen.

ZWEITES JAHR AUF DER HIGH-SCHOOL

In meinem zweiten Jahr machten alle meine Freak-Freunde ihren Abschluss an der High-School. Damit war ich ziemlich verlassen und fühlte mich sehr, sehr allein. Viele meiner früheren Sportfreunde wollten nun nichts mehr mit mir zu tun haben. Obwohl ich allein war, wurde ich von meinen

„Freunden" ständig mit Drogen versorgt. Über weite Strecken meiner High-School-Zeit war ich high. Ich weiß nicht, wie ich es geschafft habe, meinen Abschluss zu machen.

Es gab ein seltsames Mädchen an der High School. Ihr Name war Susan. Sie machte immer eine Szene. Sie hatte blondes, krauses Haar, kleidete sich sehr unvorteilhaft und hatte weder Manieren noch Format.

Eines Tages hörte ich zufällig, dass die Leute über sie sprachen, wie sehr sie sich verändert habe – sie war Christin geworden – und was das für einen Unterschied mache. Sie kam auch auf mich zu, um mir zu sagen, wie sehr Jesus mich liebte. Ich beschimpfte sie, fluchte und benutzte eine sehr vulgäre Sprache. Aber das hielt sie nicht ab. Sie kam immer wieder zu mir und sagte mir, wie sehr Gott mich liebte.

An einem bestimmten Tag wurde ich sehr gewalttätig in meiner Rede, als ich sie beschimpfte.

Sie sagte: „Ich binde dich, im Namen Jesu!"

Ich versuchte, meinen verbalen Angriff fortzusetzen, aber ich konnte nicht sprechen. Es gelang mir einfach nicht weiterzusprechen. Ich drehte mich um und ging weg. Von diesem Tag an hatte Susan meinen Respekt, und ich habe nie wieder mit ihr gesprochen. Sie hatte eine Art von Macht in ihrem Leben, und ich beschloss, mich so weit wie möglich von ihr fernzuhalten. Wenn ich ehrlich bin, hat sie mir Angst gemacht.

SOZIALE DIENSTE

Solange Mama ihre Medikamente nahm, blieb sie geistig gesund. Manchmal äußerte sie den Wunsch, medikamentenfrei zu sein. Sie war besorgt darüber, was mit ihr passieren würde, wenn aufgrund einer unbekannten oder unvorhersehbaren Katastrophe ihre Medikamente nicht mehr verfügbar wären. Sie wollte nicht abhängig sein. Das brachte sie dazu, zu experimentieren. Die Ergebnisse waren immer katastrophal und ziemlich tragisch. Sie wurde dann in die psychiatrische Abteilung eines der Krankenhäuser unserer Stadt eingewiesen. Das war viel besser als früher, denn so war sie in unserer Stadt und nicht in der staatlichen Nervenheilanstalt, die zwei Autostunden entfernt lag.

Wir Kinder mussten uns mit der Tatsache auseinandersetzen, dass Papa nicht der einzige Grund war, warum Mama krank wurde, da er nicht mehr Teil unseres Lebens war. Wir sahen ihn vielleicht einmal im Jahr. Das war für mich eine schmerzhafte Pille bzw. Tatsache, die ich schlucken musste. Ich schützte meine Mutter, wann immer ich konnte, auch in meiner Einschätzung ihrer geistigen Gesundheit.

Einmal, als ich sie im PWGH (psychiatrische Abteilung im Allgemeinkrankenhaus) besuchte, erzählte sie mir, sie sei Pianistin und fragte mich, ob ich sie spielen hören wolle. Kay hatte mich vor unserem Besuch informiert; es gab keinen Ausweg, es zu vermeiden, aber das disharmonische Geräusch, das sie aus der Tastatur quälte, war äußerst schmerzhaft für unsere Ohren. Ich kämpfte mit meiner Fassung. Sie auf diese Weise zu sehen, machte uns alle unglaublich traurig. Es ist schwer, sich einer solchen Tatsache zu stellen, wenn man Teenager ist. Der lange Weg zurück nach Hause auf die andere Seite unserer Stadt war eine traurige und ernste Prozession. Schizophren war ein Wort, das ich zu hassen lernte.

Mom hatte ihre guten Phasen, wenn sie ihre Medikamente nahm und nüchtern blieb. Das war aber nur selten der Fall. Wir mussten so gut es ging alleine zurechtkommen. Meine geliebte Großmutter Flora wurde immer älter. Sie war nicht immer in der Lage, sich um uns kümmern, und wir konnten nun mehr oder weniger für uns selbst sorgen. Das Sozialamt sah das jedoch anders.

Ein Mädchen im Teenageralter, das nicht viel älter war als wir, wurde zu uns geschickt, um uns zu helfen. Sie kochte Spaghetti und goss Ketchup über die Nudeln. Sie nannte das Kochen. Wir Geschwister stimmten darin überein, ihre „Küche" abzulehnen. Als ich mich beim Sozialamt beschwerte, dass sie keine Hilfe war, willigten sie ein, dass wir in Eigenregie kochen und uns selbst versorgen dürften. Es war eine Erleichterung, sie los zu sein.

Samstagmorgens war Cartoon-Zeit. Noch im Schlafanzug schauten wir gemeinsam Zeichentrickfilme. Wenn die besten Sendungen zu Ende waren, fing ich an zu putzen. Ich habe meinen Geschwistern nie Arbeit gegeben, wie es meine ältere Schwester versucht hatte, bevor sie nach Chicago wegzog. Aber einer nach dem anderen kam zu mir und bat um einen „Job". Wir ließen die Waschmaschine laufen und kochten unsere Mahlzeiten. Irgendwie haben wir es geschafft.

Angesichts unserer misslichen Lage traten viele verschiedene Menschen in unser Leben, um uns zu helfen. Einmal kamen zwei Vista-Mitarbeiter, um Mama zu unterstützen. Sie waren authentisch, und wir alle liebten sie. Ich glaube, es war ein Programm, das von der Universität in unserer Stadt organisiert wurde. Ihre Namen waren Kathy und Martha, und es war ein trauriger Tag in unserem Haushalt, als dieses Programm beendet wurde. Ein anderes Mal kam eine Frau namens Pam, um uns zu helfen. Ich habe sie nie wirklich gemocht. Es schien, als wäre sie nicht mit dem Herzen bei der Sache. Sie war von der katholischen Kirche. Sie gab mir ein Buch. Es hieß „Das Kreuz und die Messerhelden" von David Wilkerson. Wütend warf ich es in das eingebaute Bücherregal in unserem Wohnzimmer. Ich habe es nie wieder angeschaut. Jahre später lernte ich den Dienst kennen, den David Wilkerson aufgrund dieser Erfahrungen gegründet hatte, die er in dieser erstaunlichen und wahren Geschichte beschreibt.

MUTTER SCHREIBT SICH FÜR DAS LPN-PROGRAMM EIN

Als ich im zweiten Jahr der High School war, schrieb sich meine Mutter an der Universität unserer Stadt für ein Programm zur Ausbildung als praktische Krankenschwester ein (LPN – Licensed Practical Nurse Program).

Ihr Bruder, der reiche Zahnarzt und Oralchirurg, bezahlte ihr die Uni-Gebühren. Meine Mutter hatte zuvor als Krankenpflege-Helferin in einem Altersheim gearbeitet. Sie war von Natur aus begabt, denn sie liebte es, sich um Menschen zu kümmern. Auch hatte sie einige Änderungen in ihrem Lebensstil vorgenommen. Sie begann, zu den Anonymen Alkoholikern (AA) zu gehen, verlor durch „Weight Watchers" viel Gewicht und besuchte regelmäßig die katholische Messe. Sie ging allerdings nicht in unsere Pfarrkirche, sondern in die Kirche am anderen Ende der Stadt, der ein freundlicher und weiser Priester vorstand (derselbe, der sie beraten und ihr geholfen hatte, den Mut zur

Scheidung von Dad aufzubringen). Die Kirche hieß St. John's. Zum ersten Mal in meinem Leben sah ich meine Mutter glücklich und schön.

Sie begann, sich gut zu pflegen, zu schminken und sich schön zu kleiden. Sie kochte, hütete den Haushalt und nahm ihre Medikamente ein. Sie sang in Zungen, während sie ihre Hausarbeit erledigte. Ihr Gesicht leuchtete vor Freude. Ich fragte sie: „Was singst du denn da?"

Sie antwortete: „Ich weiß es nicht. Aber ich preise meinen Herrn."

Es wirkte irgendwie „crazy"[4], aber das war es bei weitem nicht. Es war gut. Ich freute mich so für meine Mutter. Ich war unheimlich stolz auf sie. Eine 37-jährige geschiedene Frau mit sieben Kindern, die an der Universität eingeschrieben war. Endlich nahm ihr Leben eine neue Wendung. An der Universität fand sie neue Freunde.

Eine von ihnen war Mayra, die ebenfalls für das LPN-Programm eingeschrieben war. Sie studierten gemeinsam. Mayra wohnte ziemlich weit von der Uni entfernt und pendelte jeden Tag. Manchmal ließ Mama sie bei uns wohnen. Wir hatten genug Platz im Haus. Bald zog Mayra bei uns ein und ging nur noch an den Wochenenden zu ihren Eltern. Irgendetwas an Mayra machte mich stutzig. Irgendetwas schien an ihr nicht ganz richtig zu sein. Bald zog sie aus dem Gästezimmer aus und in Moms Zimmer.

---

[4] Verrückt

Mama schimpfte manchmal mit mir, wenn ich ihr Zimmer betrat, ohne anzuklopfen. Sie mochte es nicht, wenn man sie und Mayra „beim Lernen“ störte. Bald darauf brachte Mama ein Schloss an der Innenseite der Tür an. Ich fand das alles ziemlich rätselhaft.

Eines Tages nahm ich ein Buch in die Hand, das sie auf ihrer Kommode liegen gelassen hatte. Es trug den Titel „Lesbianismus in der katholischen Kirche“. Ich überflog den Inhalt des Buches, um zu sehen, ob die katholische Kirche dafür oder dagegen war, lesbisch zu sein. Sie war dafür.

Dann, eines traurigen Tages, sah ich, wie sie sich küssten. Ich brauchte weitere Beweise. Eines Abends schlich ich mich an ihre Tür und hörte einfach zu. Ich war am Boden zerstört. Meine eigene liebe Mutter ... Ich war zu der Zeit kein Fan mehr von Janis Joplin und ihrem bisexuellen Lebensstil. Ich wollte das Beste für meine Mutter, und Mayra war es nicht. Jahrelang hatte ich dafür gebetet, dass sie einen wundervollen Mann kennenlernen, sich verlieben und wieder heiraten würde. Dass jemand Gutes und Gesundes sich um sie kümmern würde. Manchmal brauchte sie jemanden, der das tat. Sie hatte es verdient, nach allem, was sie durchgemacht hatte. Ich bemerkte, dass der schöne Glanz, der ihr Antlitz erhellt hatte, langsam verblasste. Und sie schien nicht mehr so glücklich zu sein wie vor ihrer Begegnung mit Mayra.

Meine Geschwister glaubten mir nicht, als ich ihnen sagte, dass Mayra lesbisch war. Sie hielten mich für verrückt und hörten nicht auf meine Bedenken. Aber ich wusste, was ich gesehen und gehört hatte. Diese Entdeckung erfüllte mich mit Wut und Traurigkeit. Das war nicht das, was ich mir für meine Mutter wünschte.

Moms Beziehung zu Mayra veranlasste mich, meine Meinung über Janis Joplin und ihren bisexuellen Lebensstil zu überdenken. Jetzt wollte ich nicht mehr in dieser Richtung experimentieren. Ich war nicht mehr offen für bisexuelle Begegnungen und fühlte mich zutiefst verletzt und verwirrt. Und doch glaubte ich aus tiefstem Herzen, dass ich als Junge hätte geboren werden sollen.

Zu dieser Zeit hatte ich ein sehr ungewöhnliches Erlebnis. Eines Nachts, als ich im Bett lag, schwebte eine blaue, rauchähnliche, neblige Erscheinung waagerecht durch den Flur und in mein Schlafzimmer, direkt durch meine Tür. Sie bewegte sich sehr elegant. Sofort „wusste" und „spürte" ich, dass sie kam, um mir ein Angebot zu machen: ein sexuelles Vergnügen jenseits des Begreifens, jenseits meiner kühnsten Träume, wenn ich es annehmen und willkommen heißen würde. Ganz langsam kam sie mit ihrem Angebot näher an mich heran.

Ich war erschrocken und wollte nichts damit zu tun haben. Als es auf mich zukam, lehnte ich es ab. Es drehte sich in der Luft um und verschwand aus meinem Zimmer zurück in den Flur. Ich habe mich immer gefragt, warum es von innerhalb des Hauses zu mir kam und nicht von außen. Später wurde mir klar, dass Mayra es in unser Haus gebracht hatte. Das war es, was ich bei ihr gespürt hatte.

Es ist interessant, dass es eine blaue Farbe hatte. Blau symbolisiert Männlichkeit. Heutzutage kann jeder rosa oder blau tragen, aber damals trug kein Mann je ein rosa Hemd. Ich war verblüfft und sehr erschrocken. Das ganze Ereignis dauerte etwa fünfundzwanzig Sekunden. „Es" hatte nicht hörbar gesprochen, aber ich wusste genau, was es mir anbot. Vergnügen. Es war ein lesbischer Geist. Ich habe nicht einen

Moment lang darüber nachgedacht. Ich wollte nichts damit zu tun haben. Bis dahin hatte ich noch nicht einmal eine Ahnung, dass so etwas überhaupt existiert. Ich war überrascht und beobachtete es, wies es zurück und es verschwand. Es kehrte nie wieder in mein Zimmer zurück, aber ich glaube, es lebte in unserem Haus. Seine Aufgabe war es, mir ein Angebot zu machen: lesbische Ekstase. Ein Vergnügen, das meine kühnsten Vorstellungen übertreffen sollte. Wäre ich nicht so sehr durch die Beziehung meiner Mutter verletzt worden, hätte ich es vielleicht angenommen.

EINSCHREIBUNG AN DER UNIVERSITÄT

An meinem letzten Schultag unterhielt ich mich mit zwei Klassenkameradinnen, die mit mir am selben Abend ihren Abschluss machen würden. Sie erzählten mir alles über ihre Pläne. Sie würden bald zur Flugbegleiterschule gehen. Davon hatte ich auch geträumt. Sie hatten sich beworben, waren angenommen worden und hatten sich eingeschrieben. Sie hatten eine große Zukunft vor sich.

Das war das erste Mal, dass ich über meine eigene Zukunft nachdachte. Ich hatte keine Pläne, keine Ahnung, was ich als Nächstes tun würde. Im Alter von neunzehn Jahren hatte ich alles ausprobiert und getan, was ich wollte. Alles, was ich für ein Abenteuer hielt, was aufregend oder riskant war. Das Meiste davon hatte mich leer und besorgt zurückgelassen. Ich beschloss, nach Chicago zu ziehen, um bei meiner ältesten Schwester Linda zu leben.

Als wir aufwuchsen, waren wir nicht gut miteinander ausgekommen. Aber ich dachte mir, da wir nun beide erwachsen waren, würden wir eine neue Beziehung aufbauen. Das Experiment war nach vier Monaten beendet.

Ich war völlig am Boden zerstört und beschloss, wieder nach Hause zu ziehen. Mein Leben war ein Scherbenhaufen. Ich kam mit einer sehr lästigen und juckenden Haut- und Geschlechtskrankheit nach Hause. Meine Party- und Drogenkumpels hatten mich längst vergessen und ich gehörte nicht mehr zu dieser coolen und hippen Gruppe. Ich fragte mich, wer meine wahren Freunde waren. Da ich am Tiefpunkt war, kam ich zu dem Schluss, dass ich nun nur noch wahre, echte Freunde wollte. Ich war müde. Müde davon, high zu sein. Ich wollte etwas, von dem ich mich nicht tagelang krank fühlen musste.

Bald darauf landete ich mit starken Bauchschmerzen in der Notaufnahme des Krankenhauses. Die Ärzte untersuchten mich gründlich, um die Ursache zu finden. Sie waren ratlos und riefen ein Team zur Beratung hinzu. Während meines Krankenhausaufenthalts wurde mir plötzlich etwas klar.

In Illinois war bei mir Gonorrhöe (eine Infektionskrankheit, auch Tripper genannt) diagnostiziert. Bei *Planned Parenthood* hatte ich die erste Pille bekommen, wurde aber auf die Wichtigkeit der Folgetablette hingewiesen. Wieder zu Hause angekommen, wusste ich zwar, wo es eine Klinik gab, die mich behandeln konnte, aber ich hatte mich zu sehr geschämt, dorthin zu gehen.

Ich sagte den Ärzten, dass ich wüsste, was los sei: Gonorrhöe. Die Besorgnis verließ ihre Gesichter und Verachtung erfüllte sie. Ich erhielt Medikamente, fühlte mich aber innerlich gebrochen und verletzt.

Dann schrieb ich mich an der Universität unserer Stadt ein und begann zu studieren. Da ich gut im Sport war, dachte ich, ich könnte Sportlehrerin werden. Ich nahm einen Studienkredit auf, um meine Studiengebühren zu bezahlen, feierte nicht mehr so viel und begann, mich auf mein Studium zu konzentrieren.

Eines Tages gab mir meine Professorin für „Kreatives Schreiben“ meine Arbeit zurück. Ich war schockiert und glaubte, dass da ein Fehler vorliegen musste. Ich ging zu ihr zurück und sagte: „Hier muss ein Fehler vorliegen. Das ist meine Arbeit, und Sie haben mir eine Eins Plus gegeben.“

Verwirrung machte sich in ihrem Gesicht breit. „Wo liegt das Problem?“, erkundigte sie sich.

Ich wiederholte meine Aussage: „Nun, das ist meine Arbeit, und Sie haben mir eine Eins Plus gegeben.“

„Nein, das ist kein Fehler“, sagte sie.

„Ja, aber, es ist meine Arbeit!“ Ich beharrte darauf.

Plötzlich huschte ein Erkennen über ihr Gesicht. „Hören Sie mir gut zu. Ich bin Professorin für Englisch. Ich habe Ihre Arbeit benotet. Sie werden meine Bewertung nie wieder in Frage stellen. Sie haben sich diese Note verdient. Nie wieder werden Sie meine Entscheidung in Frage stellen. Ist das klar?“, sagte sie entschieden.

Ich war fassungslos. Wie konnte das möglich sein? Ich, die oft als „Dummkopf“ bezeichnet worden war ... Zum allerersten Mal in meinem Leben bekam ich gute Noten. Und das auf universitärem Niveau. Ich war erstaunt. Keiner an der

Uni kannte mich. Ich hatte einen frischen und sauberen Neuanfang. Ich entdeckte, dass ich gar nicht dumm war. Ich ging also weniger auf Partys und studierte mehr.

Dabei blieb ich allerdings immer noch auf der Suche. Ich trieb im Leben umher, ohne zu wissen, wohin ich wollte. Ich war unglücklich und enttäuscht. Jedes Mal, wenn ich mich zudröhnte oder mit meiner alten Drogengruppe abhing, fühlte ich mich unzufrieden. Sie interessierten sich nicht wirklich für mich. Aber ich war immer noch so daran gewöhnt, mich unter Wert zu verkaufen. Als Sam mich das nächste Mal von einer Party nach Hause fuhr, fragte er mich, ob wir irgendwo im Wald parken wollten. Ich sagte nein, ich müsse nach Hause. Später entschuldigte er sich. Es war ein gutes Gefühl, für mich selbst einzustehen. Vielleicht war ich auf dem richtigen Weg.

... du stellst die von Schande Gebeugten völlig wieder her.

(Psalm 146,8 übersetzt aus The Passion Translation)

Er heilt, die zerbrochenen Herzens sind, und verbindet ihre Wunden.

(Psalm 147,3 SLT)

06

Der Plan

WACHSENDE SCHMERZEN

Meine Mutter sah meine Kämpfe. Sie verstand die Enttäuschung, die ich über meine so genannten „Freunde“ empfand. Diese Freunde waren in der Realität nicht so cool, wie ich dachte, dass sie seien. Nicht treu und loyal zu sein, war ganz und gar nicht cool. Ich sehnte mich nach wahren und echten Freunden. Mama sagte mir oft, ich solle nicht alles auf eine Karte setzen. Sie meinte, ich solle verschiedene Freunde haben. Sie hatte Recht. Aber jetzt schien es zu spät zu sein. Ich hatte mich noch nie so allein und verlassen gefühlt.

Mom lud mich ein, mit ihr in die Kirche St. John's zu gehen. Zuerst lehnte ich ab. Aber sie war hartnäckig. Also stimmte ich zu. Pater Moncher hielt die Messe. Er war derselbe Priester, der Mom vor Jahren geholfen hatte. Ich betrat die Kirche so, wie ich immer gewesen war, aber nach der Messe, als ich das Gebäude verließ, nahm ich etwas Lebendiges mit. Die Worte, die er gesprochen hatte, lebten irgendwie. Es war, als enthielten sie eine lebendige Substanz, die in mich eindrang. Ich verstand nicht, was geschehen war – aber es war gut. Ich erlebte Freude, Frieden und ein wunderbares Gefühl der Zufriedenheit.

Mama sagte: „Verstehst du jetzt, was ich meine?“

Ja, ich verstand, dass Pater Moncher Gott irgendwie so gut kannte wie niemand, den ich je zuvor getroffen hatte. Und er teilte diesen Gott mit allen Gottesdienstbesuchern. Während seiner Predigt erklärte er, dass wir durch Jesus, Gottes Sohn, zu Gott dem Vater beten können. Also stellte ich mir einen kleinen unsichtbaren Jesus vom Typ Kasper vor und „beamte" meine Gebete einfach durch ihn zu Gott, dem Vater. Ich begann auch, meinen Rosenkranz zu beten[5].

Gelegentlich ging ich feiern und kam völlig fertig nach Hause; aber es war mir wichtig, keinen Tag zu versäumen oder die Rosenkranzgebete zu unterbrechen. Manchmal kippte ich von den Knien um, wenn ich high oder betrunken war, drehte mich um, sah zu Gott auf und kicherte meine Entschuldigung.

Eines Tages, als ich nüchtern war und meinen Rosenkranz betete, erschien ein Bild vor meinen Augen. Ich war überrascht, aber nicht verängstigt. Ich wusste instinktiv, dass es Mutter Maria war. Dann, als ob sich eine Maske öffnete, sah ich das Gesicht von jemand anderem hinter der Maske. Es war böse und abscheulich und verhöhnte mich. Von diesem Tag an habe ich nie wieder den Rosenkranz gebetet. Gott hatte mir auf eine Weise, die ich verstehen konnte, gezeigt, was buchstäblich „hinter" der Marienverehrung steckte. Ich erkannte nun, dass ich direkt zu Gott beten konnte. Mit dem, der sich hinter dem Mariengebet verbarg, wollte ich nichts zu tun haben. Allerdings brachte ich es nicht übers Herz, meinen Rosenkranz wegzuwerfen, weil der Papst ihn gesegnet hatte, aber ich bewahrte ihn nicht mehr in meinem Zimmer auf. In Bezug auf biblische Wahrheiten war ich völlig unwissend.

Trotz all meiner Vorbehalte ging ich weiterhin zur Messe und betete zu Gott. Er begann, mir in meinem Zimmer zu

---

[5] Man betet 30 Tage lang bestimmte Bitten und anschließend 30 Tage lang bestimmte Dankgebete. Man darf diesen Zyklus nicht unterbrechen oder einen Tag auslassen. Andernfalls muss man mit den 30 Tagen wieder von vorne beginnen. Wenn man diese Richtlinien befolgt, kann man dem Marienglauben nach Mutter Maria um alles bitten, was man will, und sie bittet Jesus um Erhörung.

begegnen. Allein seine Anwesenheit durchflutete meine Seele mit außergewöhnlicher Freude und Liebe. Seine Liebe war besser als jede Droge, die ich je genommen hatte. Zum ersten Mal in meinem Leben spürte ich, wie sich vollkommene Liebe, Akzeptanz und Vergebung anfühlen. Ich erfuhr, was es heißt, von Gott vollkommen geliebt zu werden. Das war es also, was das Christentum wirklich ausmachte. Ich war so erfüllt von Gottes Liebe, dass ich es nicht mehr für nötig hielt, zu sprechen. Alles, was ich tun konnte, war zu lächeln und mich in seiner Liebe zu sonnen. Seine Liebe traf mich wie eine Welle flüssigen Lichts, immer und immer wieder. Sie ist äußerst schwer zu beschreiben, und Worte könnten seiner Liebe niemals gerecht werden.

Es fühlte sich an, als würde jede einzelne Zelle in meinem Körper von seiner Liebe vibrieren. Wenn ich auf meinem Bett lag und mit Gott sprach, liefen mir Freudentränen über die Wangen, in die Ohren und auf mein Kopfkissen. Ich wurde ständig überflutet und konnte das alles nicht fassen. Und doch war ich immer noch unwissend und nahm weiterhin Drogen und feierte. Ich fühlte mich jedes Mal schrecklich, wenn ich einen solchen Ausrutscher hatte. Ich glaubte nicht, dass ich süchtig war, und ich wusste nicht, wie ich ein christliches Leben führen sollte.

Zwar war ich gut in der Schule, aber es häuften sich Rechnungen an, von denen ich nicht wusste, wie ich sie bezahlen sollte. Ich wollte Sportlehrerin werden, war mir aber nicht ganz sicher, ob ich diesen Beruf wirklich ergreifen sollte.

Meine Schwester Kay arbeitete nach der Schule als Sekretärin im Anwerbungsbüro der US-Armee in der Innenstadt. Ich bat sie, einige Broschüren mit nach Hause zu bringen. Um meine Studiengebühren zu bezahlen, zog ich den Militärdienst in Betracht. Ich hatte vor, drei Jahre beim Militär zu dienen und herauszufinden, was ich wirklich mit meinem Leben anfangen wollte. Auf diese Weise würde die „GI Bill“[6] meine Studiengebühren bezahlen.

Also flog ich nach Fort McClellan, Alabama, zur Grundausbildung und trat in die Armee ein. Ich genoss die körperlichen Herausforderungen der Grundausbildung und war sehr erfolgreich. Keine Aufgabe war mir zu schwierig, keine Ausbildung zu streng. Es gab keine Zeit oder Gelegenheit für Drogen oder Partys. Wir mussten eine zuckerfreie Diät einhalten, die Teil eines strengen Programms war. Es fühlte sich sehr gut an, zu trainieren, sich richtig zu ernähren und genügend Schlaf zu bekommen. Ich genoss das Leben in der Nüchternheit. Körperlich war ich extrem fit und im besten Alter. Ich bestand das körperliche Testprogramm „Level 10“ und erhielt eine besondere Anerkennung.

Während meiner Ausbildung wurde ich häufig mit lesbischen Angeboten konfrontiert. Meine Faszination für Janis Joplin war allerdings vorbei und ich wollte mit einer solchen Beziehung nichts zu tun haben. Ich trauerte der Freude nach, die meine Mutter einst ausgestrahlt hatte, bevor sie in eine solche Beziehung geraten war. Ich wusste irgendwie, dass ihr lesbischer Lebensstil mit diesem Verlust von Freude zusammenhing.

Alle Berufe, die mich beim Militär interessierten, hatten eine lange Warteliste. Ich wollte jedoch meine Einberufung nicht auf die lange Bank schieben. Die Möglichkeiten, die sich mir boten, waren: Koch, Lastwagenfahrer oder Flugzeugelektriker, wovon ich letzteres wählte. Meine Ausbildung zum Flugzeugelektriker absolvierte ich in Fort Eustis, Virginia. Obwohl es kein typischer Beruf für eine Frau war, war die Arbeit faszinierend.

---

[6] Sold/Entlohnung beim Militär

Mein erster Einsatz führte mich nach Korea. Aufgrund meiner hervorragenden Leistungen wurde ich mit einem „Certificate of Achievement“ (einer Leistungsurkunde) ausgezeichnet. Es fühlte sich gut an, ein offizielles Kompliment zu bekommen und geschätzt zu werden, etwas, das für mich neu war.

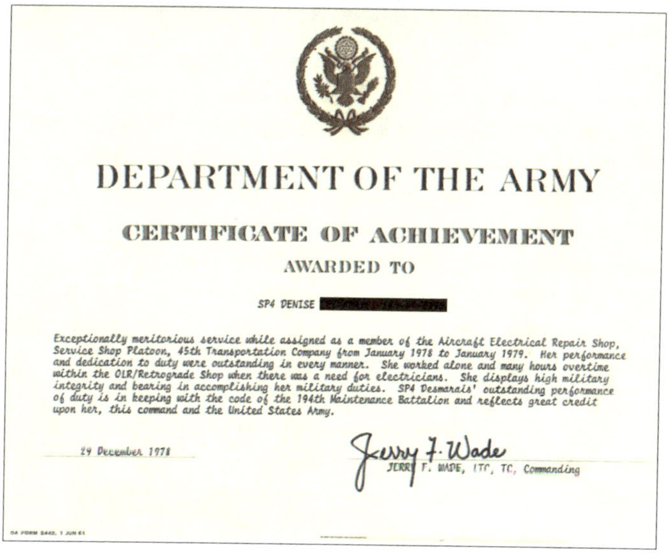

DEPARTMENT OF THE ARMY

CERTIFICATE OF ACHIEVEMENT

AWARDED TO

SP4 DENISE [redacted]

Exceptionally meritorious service while assigned as a member of the Aircraft Electrical Repair Shop, Service Shop Platoon, 45th Transportation Company from January 1978 to January 1979. Her performance and dedication to duty were outstanding in every manner. She worked alone and many hours overtime within the OLR/Retrograde Shop when there was a need for electricians. She displays high military integrity and bearing in accomplishing her military duties. SP4 Desmarais' outstanding performance of duty is in keeping with the code of the 194th Maintenance Battalion and reflects great credit upon her, this command and the United States Army.

29 December 1978

Jerry F. Wade
JERRY F. WADE, LTC, TC, Commanding

DA FORM 2442, 1 JUN 61

SÜDKOREA

Nachdem ich mich in Südkorea eingelebt und mich in das Militärleben eingefunden hatte, begann ich mit der Suche nach einer Kirche. Dabei war mir die Konfession nicht so wichtig. Was ich suchte, war die gleiche Art von lebendigen Worten, die ich durch Pater Moncher in St. John's in meiner Heimat erfahren hatte. Ich besuchte viele Gottesdienste, aber sie waren alle trocken und tot – nichts Lebendiges. Also hörte ich auf zu suchen. Und ich hörte auch auf, zu Gott zu beten, und verfiel wieder in meinen alten Lebensstil. Drogen und Männer gab es zuhauf. Wir gingen regelmäßig in Clubs außerhalb der Basis, tanzten und feierten die ganze Nacht durch. Ich hatte oft ein schlechtes Gewissen, doch ich wusste einfach nicht, wie ich anders leben sollte. Ich sagte Gott oft, dass es mir leidtut und ich echte Reue empfinde. Dann bat ich ihn, mir einen Lehrer zu geben; jemanden, der mir erklären könnte, wie ich Gott wirklich kennenlernen und richtig leben kann.

Während meines Militäraufenthalts in Südkorea freundete ich mich mit einer Frau an, die mir einsam erschien. Sie war fettleibig, hatte auffallend kurzes, sandblondes Haar und gab sich wenig Mühe mit ihrem Aussehen. Ich fragte mich, wie sie trotz der strengen Gesundheitsrichtlinien in der Armee bleiben konnte. Eines Tages erzählte sie mir dann, dass sie lesbisch sei und lud mich ein, unsere Beziehung zu vertiefen. Sie sagte, wenn ich Interesse hätte, solle ich einfach weiter vorbeikommen. Ich ließ sie fallen wie eine heiße Kartoffel. Mit diesem Lebensstil wollte ich weiterhin nichts zu tun haben.

Dieser Bruch in unserer Beziehung blieb von einigen meiner Kameraden nicht unbemerkt. Einer schimpfte mich aus: „Was für eine Freundin bist du? Du warst ihre einzige Freundin, und jetzt hast du sie verlassen." Ich sagte nichts zu meiner

Verteidigung. Die Zeit verging, und derselbe Mann tadelte mich wiederholt, also erzählte ich ihm die ganze Geschichte. Er hörte auf, mich zu kritisieren.

OLR/6. TRUPPE

Ich wurde der 45. Transportkompanie im Camp Humphreys in Anjeongri, Südkorea, zugeteilt. Wir gehörten zum *197th Maintenance Battalion, 19th Support Command.*

Mein Trupp war für die Installation neuer Systeme zuständig, wie z. B. „Feuererkennungseinheiten" oder neue Funkgeräte in veralteten Flugzeugen. Der Name unseres Trupps hieß, die *ORL – 6th Squad.* Ich hatte wirklich Freude an meiner Arbeit. Und wenn nötig, machte ich Überstunden, um die Termine einzuhalten.

Unser Sergeant war dafür verantwortlich, die Flugzeuge für die Modifikationen in unserem Hangar zu organisieren. Es gab Wochen und Wochen, in denen wir einfach nichts zu tun hatten. Er hatte seine Arbeit nicht gemacht, also konnten wir unsere auch nicht machen. Um uns zu beschäftigen, räumten wir den Hangar gründlich aus und organisierten die Vorräte neu. Ich wollte arbeiten, und als ich von unserem Kompaniechef befragt wurde, sagte ich das auch.

Als mein Feldwebel erfuhr, dass ich mich darüber beschwert hatte, keine Arbeit zu haben, wurde ich zur Strafe ins Waffendepot versetzt. Ich hatte allerdings keine Ahnung, dass es sich um eine Bestrafung handelte. Er sagte mir einfach, dass er mich zwei Wochen lang zum Reinigungsdienst der M-16-Waffen abkommandieren würde, da ich Arbeit wolle.

Als ich mich am folgenden Montag zum Dienst meldete, fragte mich der zuständige Feldwebel, womit ich diese Aufgabe verdient hätte. Ich hatte immer noch nicht begriffen, dass ich bestraft wurde.

Das M-16-Gewehr war das gleiche, an dem ich während der Grundausbildung das Schießtraining absolviert hatte; damals hatte ich auch gelernt, es zu zerlegen und zu reinigen. Aber es war schon so lange her, dass ich mich nicht mehr daran erinnern konnte. Der Unteroffizier in der Waffenkammer gab mir einen Auffrischungskurs, und im Handumdrehen reinigte ich Dutzende von Gewehren pro Tag. In diesen zwei Wochen habe ich so viele Gewehre zerlegt, gereinigt und wieder zusammengesetzt, dass ich es praktisch mit geschlossenen Augen tun konnte.

Kurz darauf stand für meine Einheit die jährliche Schießprüfung mit dem M16 auf dem Schießplatz an. Jeder Soldat musste nach der Rückkehr vom Schießstand das Gewehr, das er benutzt hatte, reinigen. Etwa ein Dutzend Männer saßen mit mir an einem langen rechteckigen Tisch. Wir bekamen alles, was wir zum Reinigen unserer Gewehre brauchten. Innerhalb von Sekunden zerlegte ich mein M16 und begann es zu reinigen. Als ich zum ersten Mal aufblickte, bemerkte ich, dass mich alle anstarrten. Keiner von ihnen konnte sich daran erinnern, wie man es auseinandernimmt. Sollte ich mein Geheimnis mit ihnen teilen?

Während ich meine Waffe säuberte und polierte, bemerkte ich, dass sie keine großen Fortschritte machten. Sie drehten sie in alle Richtungen und versuchten, sich zu erinnern, wo sie anfangen sollten. Ich genoss den Moment, arbeitete weiter an meiner M16 und wartete ab. Schließlich meldete sich jemand zu Wort und bat um Hilfe. Die anderen sahen zu, wie ich sein M16 geschickt auseinandernahm. Das war mein kleiner Moment des Ruhms. Ich beschloss, sie in mein Geheimnis einzuweihen. Sie waren alle erleichtert und wir kicherten gemeinsam.

*

Während meines Aufenthalts in Korea gab es zwei bedeutsame Ereignisse. Das erste war der Abschluss meiner Mutter an der Universität. Im Juli 1978 machte sie ihren Bachelor-Abschluss in Krankenpflege. Ich war unheimlich stolz auf sie. Jetzt konnte sie eine erfolgreiche Karriere machen, sich der Pflege anderer widmen und für immer aus der Sozialhilfe herauskommen und auf eigenen Beinen stehen.

Doch dann, im Oktober desselben Jahres, geriet eines Nachts eine unbeaufsichtigte Pfanne in Brand. Als die Feuerwehr eintraf, stand der hintere Teil unseres Hauses in Flammen. Der Brandschaden beschränkte sich in erster Linie auf diesen Teil des Hauses, aber auch der Rest des Gebäudes war von schweren Rauch- und Wasserschäden betroffen. Meine Geschwister kamen bei unserer Familie unter. Meine Mutter erhielt einen großzügigen Scheck von der Versicherung. Doch sie verkaufte das Haus und zog in den Westen der USA – allein. Meine Geschwister ließ sie zurück.

Es war ein seltsames Gefühl, zu wissen, dass es kein Zuhause gab, zu dem ich zurückkehren konnte. Ich war traurig, dass all meine persönlichen Gegenstände, die ich noch im Haus verstaut hatte, ebenfalls für immer weg waren. Dazu gehörten auch meine für mich wertvollen Fotoalben und Skier, denn mein altes Zimmer und mein Lagerraum befanden sich über der verkohlten Küche.

*

Was mir unheimlich viel Spaß machte, war, die koreanische Kultur kennenzulernen. Ich belegte einen Sprachkurs und probierte alle Arten von koreanischem Essen. Ich hatte auch einige koreanische Freundinnen. Eine von ihnen hatte keine Freude daran, mich in die Clubs zu begleiten, lud mich aber ein, mit ihr in die Kirche zu gehen. Allerdings konnte ich den Gottesdienst nicht verstehen oder ihm folgen, so dass ich es bald aufgab, mit ihr dorthin zu gehen. Ich wusste, dass sie für mich betete, und wir waren echte Freundinnen. Ihr Name ist Mi-Suk. Ich wünschte, es gäbe eine Möglichkeit, mich heute wieder mit ihr in Verbindung zu setzen und ihr für all ihre Gebete zu danken.

FORT BENNING

Meine nächste militärische Aufgabe führte mich nach Fort Benning, Georgia. Meine Einheit wurde aufgelöst, und alle unsere Flugzeuge sollten an die Nationalgarde gehen. Ein Freund ermutigte mich, mich bei *Shop 4* zu bewerben, einer Abteilung auf dem Flugplatz, die mit Zivilisten besetzt war. Das hörte sich großartig an. Kein Stehen in Formationen oder Inspektionen.

Ich bekam die begehrte Stelle und begann in der Instrumentenwerkstatt zu arbeiten. Mein neuer Chef, Charles, war ein drahtiger Mann mittleren Alters mit Halbglatze. Das restliche Haar, das seinen Kopf umgab, war weiß. Er war immer ordentlich und sauber gekleidet, freundlich und höflich und sprach mit einem südländischen Akzent. Er war der Leiter der Instrumentenwerkstatt und genoss hohes Ansehen. Er war nicht nur ein sehr kluger Mann, sondern hatte auch viel Humor. Ich fühlte mich in seiner Nähe sicher.

Gleich an meinem ersten Tag in meinem neuen Job begann er, mir von Gott zu erzählen. Ich dachte mir, entweder ist der Kerl verrückt – oder das, was er sagt, ist wahr. Mit der Zeit entdeckte ich, dass er nicht verrückt war. Charles hatte ein echtes Interesse an mir. Er hatte keine versteckten Absichten, keine Hintergedanken. Er liebte mich einfach und aufrichtig. Seine Liebe war rein und authentisch. Nie zuvor hatte ich eine so bedingungslose Liebe von einem Menschen erfahren. Wie ein trockener Boden saugte ich seine Liebe und Aufmerksamkeit auf und sonnte mich in ihr.

Dieses Foto von Charles und mir wurde im Mai 1979 in dem Instrumentengeschäft aufgenommen, das er leitete.

Dieses Foto von Charles und mir wurde im Mai 1979 in dem von ihm geleiteten Instrumentengeschäft aufgenommen.

Jeden Tag tauchte er tiefer und tiefer in die Wahrheit über Gott ein, während er seine „erste Liebe"[7] mit mir teilte. Wir hörten oft christliche Radiosendungen. Ich lernte, ihm zu vertrauen, und glaubte, was er mir sagte.

An den Wochenenden machte ich mich mit dem Auto auf die Suche nach seiner Kirche. Ich hatte immer das Gefühl, dass ich sie irgendwie spüren würde, wenn ich mich ihr näherte. Das Einzige, was ich „fand", war mein Weg zurück zur Kaserne, nachdem ich mich wiederholt verfahren hatte und oft im roten Schlamm Georgias stecken geblieben war.

Eines Tages erwähnte ich bei der Arbeit meine Wochenendsuche. Er sagte nur: „Warum hast du mich nicht einfach gefragt, wo es ist?" Charles hatte mich nie gedrängt, in seine Kirche zu kommen, sondern wartete geduldig, bis ich bereit war, bis ich fragte.

---

[7] Jesus, vgl. Offenbarung 2,4

Als ich seine Gemeinde zum ersten Mal besuchte, war ich überrascht, dass der Innenraum so leer und kahl wirkte. Es gab keine Heiligenstatuen oder die schönen „himmlischen" Gemälde, an die ich in der katholischen Kirche so gewöhnt war. Ich weiß nicht mehr, worüber der Pastor sprach, aber am Ende des Gottesdienstes wurde eine Einladung ausgesprochen. Diejenigen, die dieser Einladung folgen wollten, wurden gebeten, nach vorne zu kommen. Ich rannte praktisch zum Altar. Eine Seelsorgerin kam zu mir und fragte mich, was mein Gebetsanliegen sei. Ich sagte ihr, dass ich es nicht wüsste. Es war alles so neu für mich, auch dieses Zum-Altar-Gehen.

„Warum sind Sie dann nach vorne gekommen?", fragte sie mich.

Ich sagte ihr, dass ich keine Ahnung habe, aber dass ich einfach dem Drang gehorchen musste, den ich verspürte.

Sie lächelte, als sie die Situation verstand, und sagte: „Oh, du brauchst Jesus."

Ich stimmte zu und wir beteten gemeinsam. Ich spürte nichts Spektakuläres oder etwas Geistliches, aber ich wusste, dass ich die richtige Entscheidung getroffen hatte.

*

Früher hatte ich zwei Schachteln Zigaretten pro Tag geraucht. So oft hatte ich in der Vergangenheit versucht, mit dieser lästigen Gewohnheit zu brechen. Alles vergeblich. Charles wusste, dass ich mit dem Rauchen aufhören wollte. Eines Tages sprachen wir darüber. Er stellte mir einige besonders gute Fragen und bat mich, mir Zeit zu nehmen und meine Antworten zu überdenken.

„Glaubst du, dass Zigarettenrauchen gut für dich ist?“, war seine erste Frage.

Meine Antwort war: „Nein!“

„Glaubst du, dass Gott will, dass du aufhörst?“, war seine zweite Frage.

„Ja“, antwortete ich.

„Glaubst du, dass er dir helfen kann?“, fragte er.

„Ja“, antwortete ich erneut.

Charles riet mir, wenn ich allein in meinem Zimmer in der Kaserne war, mir Zeit zu nehmen, um mit Gott zu sprechen und ihn um seine Hilfe zu bitten. Ich befolgte Charles‘ Anweisungen sorgfältig. Von ganzem Herzen bat ich Gott um seine Hilfe.

Als Charles mich fragte, wie es gelaufen sei, vertraute ich ihm an, dass ich ein nervöses Wrack sei und nicht glaubte, dass ich es schaffen würde. Er sagte mir: „Jedes Mal, wenn du eine Zigarette rauchen willst und das Gefühl hast, dass du nicht aufhören kannst, sage dir innerlich: ‚Ich kann aufhören, weil Gott mir hilft.‘“

Dieser Rat war klüger als sein erster Vorschlag. Er riet mir, dies jedes Mal zu wiederholen, wenn ich den Drang zum Rauchen verspürte.

„Es spielt keine Rolle, wie oft du rauchen willst“, erklärte er, „du sagst es einfach jedes Mal, wenn der Drang aufkommt. Ich tat dies gewissenhaft, auch wenn ich mich wie ein nervliches Wrack fühlte.

Nach zwei Wochen verließ mich das Verlangen zu rauchen völlig. Ich war verblüfft! In der Vergangenheit hatte ich immer wieder erfolglos versucht, mir diese Sucht abzugewöhnen. Einmal hatte es zwei Monate gedauert. Ein anderes Mal zwei Wochen oder zwei Tage. Aber immer blieb das nagende Verlangen und die Sucht bestehen. Doch dieses Mal, war „es" völlig verschwunden! Ich war so erstaunt – und so unglaublich dankbar. Ich wusste, dass Gott mir tatsächlich geholfen hatte, mit der Sucht zu brechen. Mir wurde klar, dass dies in jedem Bereich meines Lebens funktionieren könnte: Ihn zu bitten, einzugreifen und zu helfen, wollte er mich doch so sehr von allem befreien.

Ich war nun zwar von den Zigaretten befreit, hatte aber immer noch hässliche Drogen-Gewohnheiten. Jedes Mal, wenn ich high zur Arbeit kam, fühlte ich mich extrem schuldig. Ich glaubte immer, dass Charles es wusste. (Jahre später sagte er mir, dass er keine Ahnung hatte.) Erst als ich später die Taufe im Heiligen Geist empfing, kam Stabilität und Kraft in mein Leben. Ich lud Gott ein, mich mit Seiner Kraft zu erfüllen, um ein christliches Leben zu führen. Er gab mir auch eine Gebetssprache, die in der Bibel als „Zungen" bezeichnet wird. Nie wieder habe ich eine andere Droge genommen oder unangemessene Beziehungen zu Männern gehabt.

*

Nachdem ich Christ geworden war, erkannte ich, auf welch vielfältige Weise der Herr mich aus meinem alten Leben gerettet hatte. Er hatte mich die ganze Zeit geführt, und ich hatte keine Ahnung gehabt. Der erste Schritt war, dass ich aus meiner Heimatstadt wegging und mich von meinen Drogenfreunden trennte. Jetzt hatte ich wahre, echte Freunde.

Niemand in meiner neuen Gemeinde hatte eine Ahnung von dem Leben, aus dem ich herausgekommen war, und ich sah keinen Grund, warum ich sie ausführlich darüber informieren sollte. Für sie war ich einfach eine neue Christin, die den Herrn wirklich liebte.

Was mich immer wieder erstaunte, war ihre Akzeptanz. Ich war an Ablehnung gewöhnt und immer darauf vorbereitet. Wenn man darauf vorbereitet ist, schmerzt es nicht mehr so sehr. Doch obwohl ich sie ständig erwartete, begegnete mir dort keine Ablehnung. Es war eine so neue und befreiende Erfahrung, nicht an dieser Front kämpfen zu müssen (ich war ja Soldat, zäh und in vielen Bereichen trainiert). Meine neuen Freunde mochten mich aufrichtig und genossen meine Gesellschaft.

Besonders wichtig wurde es für mich, mich gut zu kleiden. Als Kind war ich so oft abgelehnt worden, einfach weil ich schlecht gekleidet war und es mir an sozialer Kompetenz mangelte. Ich hatte mich wegen meines Stotterns geschämt und meinen Kopf gewöhnlich gesenkt gehalten. Jetzt hatte ich das Verhalten anderer Leute studiert und angemessene Umgangsformen gelernt. Wenn mich jemand abwies oder beleidigte, ich aber gut gekleidet war, störte mich das nicht im Geringsten, denn ich hatte das Gefühl, eine faire Chance bekommen zu haben. Diese Ablehnung, die ich so sehr fürchtete, kam aber nur noch sehr selten vor. Das überraschte mich. Ich lernte, aufrecht zu stehen und zu gehen – und das fühlte sich sooo gut an.

Ich lernte andere Gottesdienstbesucher in meiner neuen Gemeinde kennen und trat ihrer Zellgruppe bei. Ich begann, die Bibel zu lesen und zu verstehen. Wenn ich in der Vergangenheit versucht hatte, die Bibel zu lesen, hatte ich sie einfach nicht verstehen können. Sie hatte für mich keinen Sinn ergeben. Doch jetzt war alles so klar wie nie zuvor, und ich konnte nicht genug von der Bibel bekommen. Ich beschloss, mich taufen zu lassen. Mein Lebensvers wurde: *„Daher, wenn jemand in Christus ist, so ist er eine neue Schöpfung; das Alte ist vergangen, siehe, Neues ist geworden"* (2. Korinther 5,17 ELB). Das war ich. Gott hatte mich von innen heraus erneuert und verändert. Er setzte mich, wenn man so will, wieder zusammen.

Ich lernte auch andere Familien in der Gemeinde kennen. Nach dem Gottesdienst eiferten manchmal vier oder fünf Familien darum, bei wem ich zum Sonntagsessen eingeladen werden sollte. Ich war überrascht, wenn ich hörte: „Nein, sie war letzten Sonntag bei euch, also sind wir diesen Sonntag dran!" Dann hielten sie inne und sahen mich an, um meine Entscheidung zu erfahren. Meine Vergangenheit hatte mich andere Erfahrungen gelehrt. Doch die Menschen in dieser Gemeinde, Evangel Temple in Columbus, Georgia, hießen mich willkommen und nahmen mich an.

Wann immer der Herr mir Anweisungen gab und ich den gesunden Menschenverstand hatte, ihnen zu folgen, geschahen erstaunliche Dinge. Gott schloss mich in sein Tun ein, und das machte das Leben lebenswert. Dies war die aufregendste und unglaublichste Partnerschaft.

*

Meine Gemeinde hatte einen Gefängnisdienst in einem Frauengefängnis in Montgomery, Alabama. Einmal im Monat hielten wir dort einen Gottesdienst und hatten danach Zeit für persönliches Gebet und Seelsorge. Wir waren uns der Tatsache bewusst, dass einige der Frauen nur zu unserem Gottesdienst kamen, um aus ihren Zellen herauszukommen, aber es gab auch echte Suchende. Ich fühlte mich geehrt und war sehr froh, zu diesem Team zu gehören und aus erster Hand die verwandelnde Kraft des lebendigen Gottes zu erleben. Es war eine so lohnende Erfahrung, lebensverändernde Prinzipien mit Frauen zu teilen, die bereit waren, ein neues Kapitel aufzuschlagen. Auch ich hatte ja einen Neuanfang gemacht, meine Vergangenheit hinter mir gelassen und unzählige neue Chancen erhalten.

*

Durch meine Gemeinde erfuhr ich von einer Teilzeitstelle in einem Laden für Armeebedarf in der Nähe von Fort Benning. Die Besitzer besuchten ebenfalls unsere Gemeinde. Ich erkundigte mich und bekam die Stelle. Der Inhaber war ein älterer, manchmal mürrischer Mann. Aber mit der Zeit lernte ich ihn kennen und stellte fest, dass er ein Herz aus Gold hatte. Wir wurden gute Freunde. Sein Name war Jack. Die Arbeit im Verkauf machte mir Spaß, ich beriet die Kunden und half ihnen. Manchmal bat ich Jack darum, mit Messern „bezahlt" zu werden. Wir verkauften in dem Laden hochwertige, schön gearbeitete, teure Messer. Ein anderes Mal arbeitete ich für ein Flugticket nach Hause. Meine Schwester Kay hatte geheiratet und sich mit ihrer Familie in unserer Heimatstadt niedergelassen; ihr Haus wurde nun die „Heimatbasis" unserer Familie. Als ich dann ehrenvoll aus der Armee entlassen wurde, begann ich, in Vollzeit zu arbeiten.

Ich überlegte, wo ich als Nächstes leben sollte und beschloss, mich in Columbus, Georgia, niederzulassen, nicht weit von Fort Benning. Ein wohlhabendes Mitglied unserer Gemeinde bot mir eine Wohnung über der Garage auf dem Anwesen ihrer Mutter an. Sie lebte in einem der reichsten und wohlhabendsten Viertel der Stadt. Ich hatte nun eine begehrte Adresse. Natürlich hatte die Hausnummer ein ½ dahinter (ein Zeichen dafür, dass es sich nicht um ein Haupthaus handelte), aber das störte mich nicht im Geringsten. Wenn ich auf einem Formular oder für irgendetwas anderes meine Adresse angeben musste, wurden die Leute hellhörig und nahmen Notiz davon. Das war alles sehr neu für mich – und ich hatte nichts dagegen.

Eines Tages sprach mich unser Jugendpastor in der Gemeinde an und fragte mich, ob ich nicht für einen Zahnarzt arbeiten wolle, der auch in unserer Kirche war. Ja, ich war sehr interessiert. Er hatte seine Praxis gleich hinter der Grenze in Alabama, und die dortigen Gesetze erlaubten es einem Zahnarzt, seine Assistenten selbst auszubilden. Ich hatte zwar davon geträumt, an die Universität zurückzukehren, aber die Gesetze hatten sich kurz vor meiner Vereidigung zum aktiven Dienst geändert, und der Rekrutierer hatte es nicht für nötig gehalten, mich darüber zu informieren. Die Regierung zahlte nicht mehr die vollen Studiengebühren, sondern stellte einen Sparplan zur Verfügung. Während meines Militärdienstes konnte ich monatlich zwischen 50 und 75 Dollar sparen. Uncle Sam[8] verdoppelte diese Ersparnisse, also beschloss ich, dieses Konto einzulösen und nicht an die Universität zurückzukehren. Meine Arbeit als Zahnarzthelferin machte mir Spaß, und das Leben war schön.

Unsere Gemeinde veranstaltete oft Missionsreisen in andere Länder. Als ich von einer Missionsreise nach Kolumbien hörte, wollte ich unbedingt dorthin. Jemand sponserte und bezahlte meine Reise. Mein Chef ging auch mit und stellte seine Dienste als Zahnarzt zur Verfügung. Ich bewunderte die

---

[8] Spitzname für den amerikanischen Staat.

Missionare, mit denen wir zusammenarbeiteten, und hoffte, dass Gott mich in den Dienst „berufen“ würde. Nach meiner Rückkehr in die USA teilte ich unserem Jugendpastor meine Enttäuschung mit. Er sah die Dinge etwas anders und war der Meinung, dass meine tiefe Sehnsucht nach dem Dienst bereits eine Berufung war.

Nach viel Gebet und vielen erstaunlichen Bestätigungen beschloss ich, in den Missionsdienst zu gehen. Ich schloss mich *Eurasia Teen Challenge* an und machte mich auf den Weg zur Ausbildungsschule in Deutschland. Später sollte ich als Junior-Missionar an der Seite eines erfahrenen Missionars arbeiten. Erstaunlicherweise war dies die Organisation, die von David Wilkerson gegründet worden war, dem Autor des Buches, das ich vor vielen, vielen Jahren abgelehnt und so wütend in das Bücherregal in unserem Haus geworfen hatte. Jetzt kann ich das Buch „Das Kreuz und die Messerhelden“ wärmstens empfehlen; es ist eine besonders gute Lektüre!

Die Zentrale von *Eurasia Teen Challenge* in Wiesbaden beherbergte auch das Schulungszentrum. Jeder „Student“ musste am Trainingsprogramm teilnehmen, einem zehnwöchigen Kurs zur Ausbildung von MAPS[9]-Mitarbeitern und -Mitarbeiterinnen, bevor sie auf das Missionsfeld entlassen wurden; dazu gehörte auch ein Temperamenttest namens „Taylor Johnson Temperament Analysis“.

Jedem Studenten wurde ein Mentor zugewiesen, der ihn während seiner Ausbildungsphase anleitete. Als mein Mentor meine Testergebnisse mit mir durchging, bereitete ihm ein bestimmter Punkt große Sorgen. Die Ergebnisse waren in

---

[9] Mobilization and Placement Services

einem Diagramm dargestellt. Bei meinen Testergebnissen war die Kategorie „Feindseligkeit“ so hoch, dass sie völlig aus dem Rahmen fiel und weit außerhalb der Norm lag. Er fragte mich daraufhin, ob ich ein wütender Mensch sei. Auch ich war von dem Ergebnis schockiert; niemals hätte ich Wut in mir vermutet. Einer der Direktoren fragte mich, ob mein Vater ein Pastor sei. Was, MEIN Vater …?

MOBILISIERUNGS- UND VERMITTLUNGSDIENSTE

Wie kann das möglich sein? Ich, ein wütender Mensch? Ich war ein wiedergeborener Christ. Erfüllt mit dem Heiligen Geist. Bereit und willig, meinem Herrn und Erlöser auf dem Missionsfeld zu dienen.

Es war keine sofortige Offenbarung, aber mit der Zeit wurde mir klar, dass es mir niemals erlaubt gewesen war, auf das Böse zu reagieren, das meiner Mutter oder uns Kindern angetan worden war. Mein Vater hatte diesen Spruch: „Es sind meine Kinder, also kann ich mit ihnen machen, was ich will“, als ob wir Gegenstände wären, die nach seinem Gutdünken benutzt werden könnten. Ich hatte gelernt, all die Verletzungen und Misshandlungen zu schlucken. Laut „Papa“ war das nichts Ungewöhnliches. Ich hatte eine Wut, aber sie war vergraben, doch trotzdem sehr lebendig, tief in meinem Herzen verborgen.

Ein Problem zu erkennen und zuzugeben ist ein großer Schritt auf dem Weg zur Lösung. Ich wurde mit etwas konfrontiert, das nun meine Aufmerksamkeit erforderte. Mit Hilfe des Herrn, weiser Ratgeber und reifer, liebevoller Menschen machte ich mich auf den Weg, mit dieser Überraschung aus meiner Vergangenheit fertig zu werden.

In Wiesbaden traf ich einen prächtigen jungen Mann, der in der deutschen Abteilung von Teen Challenge arbeitete. Sein Name war Klaus Breuer. Viele weibliche Verehrerinnen umgaben ihn. Ich wollte mich nicht bei ihnen einreihen.

Nach meiner Ausbildung wurde ich in die Niederlande geschickt. Ich verliebte mich in das Land und seine Menschen. Nun war ich damit beschäftigt, mich in das Leben junger Menschen einzubringen, die in ähnlichen Lebenssituationen gefangen waren wie die, aus denen ich selbst kam. Ich widmete mich dem Sprachstudium, und zu meinem Erstaunen konnte ich schon bald Niederländisch sprechen. Eines meiner größten Hindernisse auf dem Weg zum Missionsdienst war immer meine Überzeugung gewesen, ich könne keine Fremdsprache lernen. In der High-School hatte ich Französisch abgebrochen. Einige dieser alten Lügen waren immer noch sehr stark in meinem Denken verankert. Gott sprach einmal zu mir über dieses Thema. Er sagte: „Wenn du dich anstrengst, helfe ich dir." Und tatsächlich, das tat er – und innerhalb kürzester Zeit sprach ICH Niederländisch!!

Ein Missionar, der viele Jahre im Land gedient hatte, wurde mir als Mentor zugeteilt. Einmal im Monat traf ich mich mit ihm, und wir füllten gemeinsam unseren Bericht aus, der in die USA zurückgeschickt wurde. Ihm wurde auch die Verantwortung für die Beantragung meines Visums übertragen. Er kehrte auf Urlaub in die USA zurück, und ich wurde einem anderen Missionar zugewiesen. Ich wusste nicht, dass mein Visum nie beantragt worden war.

Nachdem ich anderthalb Jahre in diesem Land gelebt und es geliebt hatte, wurde ich nach einem hässlichen Gerichtsverfahren abgeschoben und kehrte nach Deutschland zurück, um den Rest meines zweijährigen Auftrags zu erfüllen. In dieser Zeit entwickelte sich meine Beziehung zu diesem beliebten jungen Deutschen.

Wäre ich wie geplant direkt aus den Niederlanden zurück in die USA gereist, hätten wir uns nie wiedergesehen. Klaus genoss beim gesamten Führungsteam von *Eurasia Teen Challenge* (ETC) ein bemerkenswert hohes Ansehen. Als seine Freundin stieg mein Status erheblich. Viele der weiblichen Mitarbeiter hatten davon geträumt, eine so vielversprechende Beziehung mit Klaus zu haben. Das gab meinem Selbstwertgefühl einen zusätzlichen Schub.

Während unserer Kennenlernphase fragte mich Klaus einmal, ob mein Vater Pastor sei. Ich fragte ihn, wie er auf diese Idee gekommen sei. Hatte ich ihn denn jemals in die Irre geführt? Nein. Aber er sah Qualitäten in mir, die ihn glauben ließen, ich käme aus einer guten, soliden christlichen Familie. Er hatte keine Ahnung.

Unsere Beziehung wurde immer tiefer. In dieser Zeit begann der Herr mit mir darüber zu sprechen, dass ich Klaus von meiner Vergangenheit erzählen sollte. Ich wusste, dass ich es ihm schuldig war, bevor wir in unserer Beziehung noch weiter gingen. Also beschloss ich eines Tages, als wir am Ufer des Rheins in einem schönen, malerischen, alten Dorf spazieren gingen, ihm von meiner gesamten Vergangenheit zu erzählen, inklusive meines früheren promiskuitiven Lebensstils, all den Drogen, dem sexuellen und sonstigem Missbrauch. Auch über die Geschlechtskrankheit; ich wusste nicht, ob ich jemals Kinder haben könnte.

Ich habe ihm alles erzählt, zwar keine blutigen Details, aber ich habe auch diese Tatsachen nicht ausgeklammert. Ich hatte solche Angst, ihn zu verlieren. In meinem Herzen habe ich gebetet: „Oh, lieber Gott, wenn er mich immer noch will, nachdem er meine Geschichte gehört hat, lass ihn eine dieser schönen Rosen pflücken und sie mir geben."

Wir gingen schweigend durch den ganzen Rosengarten. Er schaute sich die Rosen immer wieder an, pflückte aber keine. Als wir uns dem Ende des Gartens näherten, fiel es mir schwer, meine Fassung zu bewahren. Schließlich, ganz am Ende, streckte er seine Hand aus, pflückte eine winzige Rosenknospe und reichte sie mir. Freude und Erleichterung durchströmten mein Herz, und Tränen liefen mir über die Wangen. Kleinlaut fragte ich ihn, warum er mir diese Knospe gab.

Er sagte mir: „Nachdem du mir von deiner Vergangenheit erzählt hast, hatte ich den Wunsch, eine Rose für dich zu pflücken, aber ich konnte keine finden, die schön genug für dich war."

Wir heirateten am 1. Dezember 1984 in Wiesbaden. Meine ganze Familie war eingeladen. Doch der einzige Besucher aus den USA an diesem Tag war ein Freund von Klaus, ein Pastor aus Texas. Mein Vater hatte mich gefragt, warum ich einen „Nazi" heiratete. Mit ihm war nicht zu argumentieren.

Ich war so glücklich mit der Liebe meines Lebens; selbst die grausamen Worte meines Vaters konnten meine Freude nicht trüben. Als meine Mutter Klaus schließlich kennenlernte, war sie von ihm begeistert und freute sich für mich. Sie prophezeite mir eine gute Zukunft mit ihm. Klaus war alles, was Papa nicht war: freundlich und rücksichtsvoll, verlässlich, vertrauenswürdig und zuverlässig, ein äußerst gewissenhafter Mann ... Ich könnte immer so weitermachen mit all seinen guten Eigenschaften. Mein himmlischer Vater hatte mir mit Klaus wirklich ein riesiges Geschenk gemacht!

Klaus und ich spürten beide den missionarischen Ruf in unserem Leben. Wir beschlossen, Teen Challenge zu verlassen, um uns auf einen zukünftigen Missionsdienst vorzubereiten. Wir zogen nach Texas, wo Klaus eine Bibelschule besuchte und Jugendpastor in der Gemeinde seines befreundeten Pastors wurde, der an unserer Hochzeit teilgenommen hatte.

Die Frau unseres Pastors hörte Teile meiner Geschichte und schlug vor, ich solle Seelsorge in Anspruch nehmen. Das tat ich dann auch. Es war äußerst schwierig und schmerzhaft für mich, über meine Vergangenheit zu sprechen. Ich weinte, während der Seelsorger mich Schritt für Schritt anleitete. Er riet mir, meinem Vater zu schreiben. Nachdem ich Christin geworden war, hatte ich ihm gesagt, dass ich ihm vergeben hatte. Seine Antwort erschütterte mich zutiefst. Er fragte: „Wofür?"

Ich war immer der Meinung gewesen, dass er sehr offen und klar war, aber Vater lebte in der Verleugnung seiner eigenen Schuld.

Gordan, der Berater, schlug mir vor, meinem Vater drei Briefe zu schreiben, Schritt für Schritt, in denen ich Dad genau erklärte, was ich ihm verziehen hatte und wie eine Beziehung zu meinen Bedingungen aussehen würde. Und selbst wenn Dad mich nie verstehen würde, würde es aber mir selbst helfen. Er erklärte ausführlich, warum es für mich wichtig war, alles in meiner Macht Stehende zu tun, um eine ehrliche, auf Tatsachen beruhende Beziehung zu haben. Papa hat die Briefe nie verstanden. (Er erzählte seiner fünften Frau, dass ich ihm wegen etwas aus meiner Kindheit böse sei.)

Über zweitausend Meilen trennten uns geografisch, aber ich lebte in Angst, weil ich diese Briefe abgeschickt hatte. Ich habe sein Gesicht tatsächlich vor meinem Küchenfenster „gesehen“. Und es war kein liebevolles, fürsorgliches Gesicht, sondern ein wütendes. Das war sehr beängstigend, und es kostete mich all mein rationales Denken, um mich davon zu überzeugen, dass er mir nichts antun konnte. Ich bin unendlich dankbar, dass ich dem Rat dieses weisen Beraters gefolgt bin.

Dann wurde ich unerwartet schwanger. Ich erklärte dem Zahnarzt, für den ich arbeitete, dass er gesetzlich verpflichtet war, ein „Abzugssystem“ für das von ihm häufig verwendete Lachgas zu installieren. Lachgas kann bei ungeborenen Kindern schwere Schäden verursachen. Innerhalb weniger Tage wurde ich aus einem lächerlichen Grund entlassen. Er hatte versprochen, mich und meinen Mann, der auf der Bibelschule war, zu versichern, es aber ohne mein Wissen nie getan. Die überraschende Entdeckung war, dass ich nun schwanger war und wir ohne Versicherung waren.

Ich war unglücklich in Texas. Ich hatte in Europa so hart gearbeitet, um die Kultur und die Sprache zu lernen, dass ich nun in meinem eigenen Land einen schweren Kulturschock erlitt. Darauf war ich völlig unvorbereitet. Ich dachte, ich kehrte einfach in die USA zurück, aber tatsächlich hat Texas eine ganz andere Kultur als der Mittlere Westen oder Georgia. Wir hatten jetzt einen kleinen Sohn. Klaus nahm einen säkularen Job an. Alle Gründe, warum wir nach Texas gezogen waren, lösten sich in Luft auf. Ich trug dieses Argument Klaus vor, und gemeinsam beschlossen wir, zurück nach Deutschland zu ziehen.

Unser zweiter Sohn kam in Wiesbaden zur Welt. Klaus arbeitete in einem säkularen Beruf. Ich blieb zu Hause, aber als die Jungs im Kindergarten und in der Grundschule waren, ging ich wieder in die Zahnmedizin.

GEDANKEN ÜBER DAS LEIDVOLLE LEBEN MEINER MUTTER

Wenn ich über das leidvolle Leben meiner Mutter nachdachte, überkam mich eine tiefe Traurigkeit. Ein vergeudetes Leben. Eines, das ganz anders hätte verlaufen können. Das Glück, von dem ich immer träumte, dass sie es finden würde, blieb ihr immer wieder verwehrt. Nachdem das Haus abgebrannt war, erhielt sie eine stattliche Summe von der Versicherung. Sie ließ meine Geschwister, die noch zu Hause lebten, im Stich und zog in den Westen. Alkohol und Schizophrenie führten dazu, dass sie viele schlechte Entscheidungen traf. Sie lebte extravagant und verschwenderisch, war naiv und vertrauensselig und unfähig, die wahren Freunde von den „Geiern" zu unterscheiden.

Schließlich zog sie nach Nevada, wo sie in der Nachtschicht im Veteranenkrankenhaus arbeitete. Jahre später erfuhr ich aus ihren Tagebüchern, dass ihre Kollegen dort häufig versucht hatten, Wege zu finden, damit sie entlassen würde. Obwohl sie ein sehr fürsorglicher und liebevoller Mensch war, blieb ihr psychischer Zustand von ihren Kollegen nicht unbemerkt.

Sie besuchte uns in Texas, wo unser erster Sohn geboren wurde. Eines Tages, als ich gerade das Mittagessen kochte, lag das Baby auf einer Decke im Wohnzimmer und begann zu weinen. Ich fragte meine Mutter, ob sie es auf den Arm nehmen könne.

„Mach du das doch", sagte sie.

„Mama, ich koche gerade das Mittagessen für uns", sagte ich. „Würdest du mir helfen?"

„Nein, mach du es, Denise", sagte sie in einem frustrierten Tonfall.

Ich unterbrach das Kochen, wusch mir die Hände und kümmerte mich um meinen Sohn.

„Mama, du liebst Babys. Willst du deinen Enkel nicht kennenlernen?", fragte ich verwirrt.

„Denise, ich bin alt."

„Mom, du bist erst 50 Jahre alt!", argumentierte ich.

„Mein Leben ist vorbei", erklärte sie.

„Nein, Mama ..."

„Aber", unterbrach sie mich, „ich bin gefühlsmäßig alt. Mein Leben ist vorbei."

Ich fühlte mich so verletzt und verwirrt, als ich das hörte. Hatte sie sich der Müdigkeit ergeben, einem gebeugten und geschundenen Leben? Ich wollte, dass sie sich wieder aufrappelte, doch sie schien keinen Kampfgeist mehr in sich zu haben. Ich verstand nur zu gut, wie sie sich fühlte. Die Jahre, seit ich sie das letzte Mal gesehen hatte, hatten ihr sehr zugesetzt. Ein Blick genügte, um zu sehen, dass es ihr nicht gut ging. Ich wünschte mir verzweifelt, dass sie ganz, gesund und glücklich sein würde.

Meine Mutter starb am 30. Dezember 2005. Sie wurde nur 68 Jahre alt. Sie starb einen Tag nach dem Geburtstag meines Vaters an einem Lungenemphysem. Sie war ihr ganzes Leben lang starke Raucherin gewesen und hatte sich nicht dazu durchringen können, die Zigaretten aufzugeben. Sie sagte zu mir: „Sie bringen mich um, aber sie sind alles, was ich habe."

Wir hielten die Beerdigung in unserer Heimatstadt ab. Seit dem Brand war Kays Haus der Stammsitz unserer Familie. Wir hatten kein Zuhause mehr, in das wir zurückkehren konnten, aber Kay war gastfreundlich und hieß uns immer willkommen. Mein jüngster Bruder erzählte uns von Mamas letzten Wünschen. Er erklärte, dass sie eine Einäscherung wünschte und ihre Asche über dem Lake Superior verstreut werden sollte. Wir hielten uns daran. So erfüllten wir an diesem kalten, winterlichen Tag nach der Beerdigung in feierlichem Schweigen ihren letzten Wunsch.

Kay hatte Moms Nachlass geregelt und einige ihrer Habseligkeiten in ihrer Garage gelagert. Mutter hatte Tagebuch geführt. Während meiner schwierigsten Kindheitstage hatte sie mir vorgeschlagen, es ebenfalls zu tun. Sie riet mir, genau aufzuschreiben, wie ich mich fühlte und was ich durchmachte, und so ehrlich wie möglich zu sein. Sie sagte mir, ich solle es an einem besonderen Ort verstecken, um sicherzustellen, dass niemand den Inhalt jemals lesen würde. Das tat ich dann auch. Mein Tagebuch wurde zu meinem absolut besten Freund, und ich vertraute ihm all meine traurigsten und verborgensten Geheimnisse an. Das hatten Mom und ich gemeinsam.

Also las ich all die vielen Tagebücher, die meine Schwester aus Reno mitgebracht hatte. Ich las jedes einzelne Wort, das Mom geschrieben hatte.

Mom schrieb z. B. über eine Frau, mit der sie eine langjährige lesbische Beziehung geführt hatte. Ihre Worte lauteten: „Mein

Herr hat es mir klar gemacht: Ich muss mich zwischen ihm und ihr entscheiden. Dass ich nicht beides haben kann."

Sie kämpfte mit dieser Entscheidung, entschied sich aber schließlich für Ihn, ihre wahre Liebe und ihren Erlöser. Ich glaube, ich habe verstanden, warum meine Mutter den lesbischen Lebensstil angenommen hatte. Sie hatte unter der grausamen und ungewöhnlichen Behandlung durch meinen Vater sehr gelitten. Sie war einfach eine bedürftige Seele auf der Suche nach sicherer Liebe. Eine Liebe, in der sie nicht geschlagen oder barbarisch behandelt werden würde. Meine Mutter vertraute mir einmal an, dass sie, wenn sie mit Papa schlief, das Gefühl hatte, mit dem Teufel zu schlafen. Was für eine beängstigende und verstörende Verbindung.

Mom hatte also schließlich die Frage der lesbischen Beziehung geklärt. Und ich war froh für sie. Laut ihren Tagebüchern war es auch nicht das, was ihr Herr für sie wollte.

Während ich über die Entscheidung meiner Mutter nachdachte, wurden Erinnerungen an das wach, was meine geliebte Großmutter Flora mir vor Jahren gesagt hatte. Ich war so dankbar für diese Information, dass sie sich eingemischt und verhindert hatte, dass mein Vater mir einen Jungennamen gegeben hatte. Jetzt, als Christin, wurde mir klar, dass Gott ganz sicher KEINEN Fehler gemacht hatte, als er mich als Frau erschuf. Aber warum hatte ich diese Lüge den größten Teil meines Lebens wirklich geglaubt?

Papa hatte sich so sehr einen Sohn gewünscht. Ich kann mich nicht erinnern, dass er mir das ausdrücklich gesagt hätte, doch seine tiefe Sehnsucht hatte sich irgendwie in meiner Seele festgesetzt. Auf irgendeine Weise war diese Sehnsucht nach einem Sohn in mein Bewusstsein eingedrungen, und ich hatte meine Identität mit seinem Wunsch in Einklang gebracht. Diese „Lebenslüge“, die mich so gefangen genommen hatte, verlor nun ihren Halt. Ich erkannte, dass Gott keinen schrecklichen Fehler begangen hatte, als er mich als Mädchen schuf. Ich fühlte mich nicht mit meiner Weiblichkeit verbunden, aber allmählich setzte sich die Wahrheit in meinem Herzen und Denken durch. Ich akzeptierte die Tatsache, dass Gott in all seinen Wegen vollkommen ist und das, was er entschieden hatte, das absolut Beste und Richtige war. Daraus schloss ich: Gott hatte Recht und Papa Unrecht.

Wie sollte ich all diese Jahre des falschen Denkens ungeschehen machen? Es geschah nicht über Nacht, es dauerte Jahre. Heute ist es eine große Erleichterung, zu wissen und zu akzeptieren, dass ich innerlich und äußerlich von meinem Schöpfer als Frau geschaffen wurde.

Auch bin ich im Rückblick so dankbar, dass ich den blauen, rauchartigen Nebelgeist, der sich mir anbot, nicht angenommen hatte. Ich bin zu der Überzeugung gelangt, dass, wenn ich diesen Geist angenommen hätte, ich mich auf einen der größten Kämpfe meines Lebens bei der Entdeckung meiner wahren Identität eingelassen hätte. Ich bin weder lesbisch, noch möchte ich es sein.

Beim Militär hatte ich so viele Angebote und Gelegenheiten, mich auf lesbische Beziehungen einzulassen. Heute bin ich dankbar und kann mit Stolz sagen, dass ich weiß, wer ich bin und wozu Gott mich geschaffen hat: sein Mädchen!

DAS FASCHINGSKOSTÜM

In einem Jahr, als mein ältester Sohn in der zweiten oder dritten Klasse war, beschloss er, sich in der Schule zum Fasching zu verkleiden. In der Vergangenheit hatte er einfach kein Interesse daran gehabt, in der Schule ein Kostüm zu tragen. Wenn seine Klassenkameraden ihn fragten, als was er sich verkleidet habe, sagte er: „Ich bin ein Privatdetektiv."

Doch in diesem Jahr war es anders. Er wollte „Batman" sein. Da wir reichlich Zeit zum Einkaufen hatten, gingen wir in ein Geschäft nach dem anderen. Sie waren voll mit allen möglichen Kostümen und Uniformen für diesen Anlass. Ein Batman-Kostüm war jedoch nicht darunter.

„Du könntest ein Cowboy oder ein Polizist sein", schlug ich ihm vor.

Doch er ließ sich nicht von seiner Wahl abbringen. Er war fest entschlossen, Batman zu sein.

„Mama, du könntest mir ein Batman-Kostüm nähen", beharrte er.

„Aber ich weiß nicht, wie das geht. Ich wüsste nicht, wo ich anfangen sollte", erklärte ich.

„Mama, ich weiß, dass du das kannst." Er war felsenfest davon überzeugt, dass ich ein Batman-Kostüm entwerfen könnte. Es hörte sich so einfach an, aber ich war mir sicher, dass es mich überforderte.

„Nein, das kann ich nicht", wollte ich die Diskussion beenden.

Dieser Junge glaubte so fest an mich, während ich ehrlich gesagt nicht an mich selbst glaubte. Ich war nicht einmal bereit, es zu versuchen. Man hatte mir so oft gesagt, wie dumm ich sei; diese Lüge lebte immer noch irgendwo in mir.

Er wollte nicht nachgeben. Schließlich willigte ich doch ein, es zu versuchen. Aber ich warnte ihn davor, sich nicht allzu große Hoffnungen zu machen. Ich wollte keine Versprechungen machen, die ich nicht halten konnte.

Er versicherte mir: „Mama, ich weiß, dass du es schaffen kannst!"

Er war so glücklich, dass er sein wertvolles Kostüm bekommen würde. Seine Freude und Zuversicht spornten mich an. Ich beschloss, dass ich es zumindest versuchen könnte und bat Gott um Hilfe.

Als ich endlich mit dem Nähen des Kostüms fertig war, war mein Sohn über alle Maßen begeistert. Er liebte es. Und ich muss zugeben, es ist sehr schön geworden. Viele seiner Klassenkameraden wollten wissen, woher er es hatte.

Er erzählte ihnen stolz: „Meine Mutter hat es genäht."

Einige seiner Klassenkameraden fragten ihn sogar, ob ich für sie auch eines nähen würde.

„Nein! Fragt eure eigene Mutter, ob sie euch eins näht", sagte er entschieden.

Einige der Mütter kamen tatsächlich auf mich zu und fragten, wie ich es gemacht hatte, und ich erklärte es ihnen.

Er spielte noch jahrelang in diesem Kostüm und genoss es, Batman zu sein. Seine Freunde, die nach der Schule zum Spielen vorbeikamen, wollten alle sein wertvolles Kostüm tragen. Manchmal ließ er es sie sogar anziehen. Ich war so erstaunt über das, was ich geschaffen hatte. Alles, was ich gebraucht hatte, war jemand, der an mich glaubte.

Ich begriff langsam, dass ich doch kein „Idiot" war. Und ich erfuhr auch, dass Gott ebenfalls an mich glaubte. Mein ältester Sohn hatte die Angewohnheit, mir Notizen zu hinterlassen, ähnlich wie ich es als Kind für meine Mutter getan hatte. Seine Notizen hatten jedoch einen ganz anderen Ton. In einer davon stand: „Gott glaubt an dich und mich." Das stimmte! Gott glaubte an mich. Die Wahrheit ist eine wunderbare Sache, die man sich zu eigen machen sollte. Zu dem zu werden, was Gott immer für einen vorgesehen hat, ist erstaunlich und erfüllend.

Etwas Einfaches, das ich aber immer als ein großes Geschenk Gottes geschätzt habe, war die Tatsache, dass unsere Jungs Klaus stets „Papa" nannten. Ich musste nie die Worte „Dad" oder „Daddy" hören. Wenn ich dieses Wort zufällig hörte, jagte es mir einen Schauer über den Rücken und ließ mich für einen Moment als hilfloses Opfer zurückfallen.

Als unser ältester Sohn etwa elf Jahre alt war, sagte er: „Mama, wir brauchen nicht das, was du nie hattest, wir brauchen nur Normalität."

Mann, er hat es auf den Punkt gebracht! Er hatte immer eine Art, die Dinge zu verdeutlichen. Er kam direkt auf den Kern des Problems zu sprechen. Ich hatte meine schmerzhafte Vergangenheit nie mit den Jungs geteilt. Wie war er darauf gekommen? Er wusste, dass ich mich bemühte und mein

Bestes tat und vielleicht ein bisschen zu sehr versuchte, ihnen eine gute Kindheit zu ermöglichen. Die, die ich nie hatte.

Einmal beschwerte ich mich bei Gott, weil ich mich wie ein rohes Ei fühlte, dass jemand auf den Bürgersteig geklatscht hatte. Seine Antwort überraschte mich. „Ich habe dich nicht geschaffen, um so zerbrechlich zu sein. Ich habe dich wie einen Gummiball gemacht. Ja, du bist hinuntergeschleudert worden, aber du springst wieder auf." Er hatte all die zerbrochenen Teile meines Lebens wieder zusammengefügt und mich widerstandsfähig gemacht. Er hatte mir etwas von seinem Wesen mitgegeben. Und das ließ keinen Raum für Selbstmitleid und wollte, dass ich mich selbst als widerstandsfähig, lebhaft und zäh sah. Es brauchte Zeit, meine Identität neu zu programmieren. Dann hatte ich einen Traum, den ich nie vergessen werde.

DER TRAUM

Ich brachte mich selbst ins Krankenhaus. Aus eigenem Antrieb ging ich die Treppe hinauf und suchte mir ein Zimmer mit einem leeren Bett. Ich zog mir ein Krankenhausnachthemd an und kroch ins Bett. Die Krankenschwestern kamen und gingen, beschäftigt mit ihren Aufgaben. Niemand entdeckte mich. Aber je länger mein Aufenthalt dauerte, desto nervöser wurde ich, vor allem, wenn Ärzte in mein Zimmer kamen. Ich wusste, dass ich meinen Aufenthalt völlig falsch angegangen war. Ich hatte mich nicht ordnungsgemäß ins Krankenhaus einweisen lassen, sondern die Dinge selbst in die Hand genommen. Nach einer Weile überkam mich mein schlechtes Gewissen, und ich erkannte, dass mit mir alles in Ordnung war; ich gehörte nicht dorthin. Also beschloss ich, mich anzuziehen, meine Tasche wieder zu packen und einfach zu gehen.

Bevor ich mein Zimmer verließ, kurz bevor ich mit all dem fertig war, was ich vorhatte, kam ein Arzt in mein Zimmer. Er warf einen Blick auf mich und fragte, ob ich gehen wolle. Ich antwortete schwach mit einem einfachen Ja. Er nickte nur verständnisvoll. Er hatte ein Klemmbrett und einen Stift in der Hand und sagte mir, ich müsse nur etwas unterschreiben. Mit diesen Worten reichte er mir einen Gegenstand, und ich wusste, dass ich mich damit abmelden würde. Instinktiv, ohne mir über meine Handlungen im Klaren zu sein, hockte ich mich auf den Boden und schrieb meinen Namen in den Sand. Ich stand wieder auf und reichte dem Arzt sein Klemmbrett zurück. Genau in diesem Moment wusste ich, dass er Jesus war.

Gott war in diesem Traum. Er klärte die Angelegenheit ein für alle Mal. Jesus schaute mir tief in die Augen, mit Verständnis und Liebe. Er wollte, dass ich weiterziehe. Dass ich dieses Krankenhaus verlasse. Ich kann zwar nicht all diese schmerzhaften Erinnerungen löschen, aber ich kann mich dafür entscheiden, heute zu leben und nicht in meiner Vergangenheit.

Hast du schon einmal den Kinderreim „Humpty Dumpty“ gehört? Er geht folgendermaßen:

Humpty Dumpty sat on a wall,
Humpty Dumpty had a great fall.
All the king‘s horses and all the king‘s men
Couldn‘t put Humpty together again.

Humpty Dumpty saß auf einer Mauer,
Humpty Dumpty stürzte schwer.
All die Pferde des Königs und all die Männer des Königs
Konnten Humpty nicht wieder zusammensetzen.

(Humpty wird als menschliches Ei dargestellt.)

Bei mir ist es anders: Der „König" hat mich wieder zusammengesetzt. ER kann tun, was kein anderer kann, weil er Gott ist, der das Leben wiederherstellen kann – wenn wir es ihm erlauben.

Ich weiß nicht, wo du auf deiner geistlichen Reise stehst. Aber ich kann dir sagen, dass ich im Alter von neunzehn Jahren alles ausprobiert hatte, von dem ich dachte, dass diese Welt es zu bieten hätte. Ich war auf der Suche, aber ich fand nichts und war nie zufrieden. Ich war leer und trocken. Aber als ich mich in Gottes Richtung bewegte, begegnete er mir. Mit diesen Augen der Liebe und des Verständnisses möchte er dich dort abholen, wo du bist, und dich dorthin bringen, wo er ist: an einen Ort der Sicherheit und Geborgenheit; an einen Ort der bedingungslosen Liebe.

Wenn ich heute über mein Leben nachdenke, gibt es so viel, für das ich dankbar bin. Ich könnte nie vergessen, von woher er mich geholt hat – selbst, wenn ich es wollte.

Nach achtunddreißig Jahren Ehe kann ich immer noch behaupten, dass Klaus verlässlich, vertrauenswürdig und seinen Worten treu ist. Er ist gewissenhaft, ehrlich und verantwortungsbewusst. Er ist der Mann meiner Träume, und ich möchte mit ihm alt werden. Meine beiden Söhne haben nie die Schrecken erlebt, die ich in meiner Kindheit ertragen musste. Dank der erlösenden Kraft des Herrn Jesus Christus ist der Teufelskreis durchbrochen worden. Sicherlich wird die nächste Generation ihre eigenen Herausforderungen und Prüfungen haben, aber die Wiederherstellung ist in meinem Haus angekommen und wird auch an die nächste Generation weitergegeben werden.

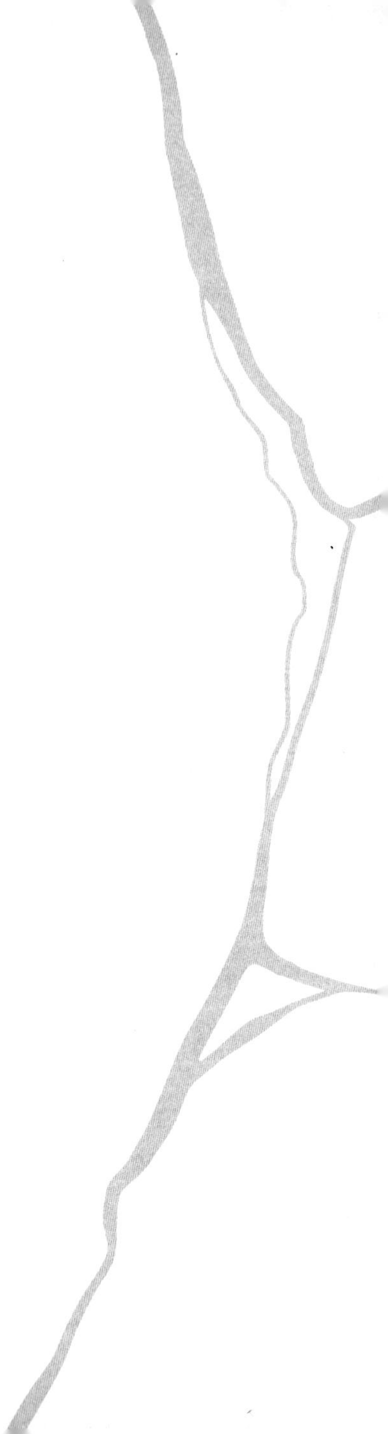

DER HEUTIGE TAG

Ich kann mit Stolz sagen, dass ich heute Großmutter von vier wunderbaren Enkelkindern bin. Meine Söhne sind verheiratet, haben gute Jobs, schöne Häuser und gute Beziehungen zu ihren Frauen. Klaus und ich sind beide im Ruhestand, und wir genießen das gute Leben. Wie der Wein wird auch das Leben mit zunehmendem Alter immer besser.

Klaus und Denise Breuer

Klaus Breuer

Denise kam im Oktober 1982 zunächst nach Eurasia Teen Challenge (ETC) in Wiesbaden, Deutschland.

Sie war eine von vielen US-amerikanischen und europäischen, männlichen und weiblichen Seminarteilnehmern. Nach einer intensiven 10-wöchigen Ausbildung sollten sie jeweils in einer christlichen (Jugend-) Arbeit im In- oder Ausland, voraussichtlich für ca. zwei Jahre, in einem missionarischen Dienst und/oder in einer Drogenrehabilitation mitarbeiten.

Ich hatte im Sommer 1979 an einer ähnlichen Ausbildung teilgenommen und war seit Mai 1980 Mitarbeiter in verschiedenen Bereichen bei ETC.

Außer manchen Leitungspersonen, waren sowohl die männlichen und weiblichen Mitarbeiter bei ETC als auch die Seminarteilnehmer, überwiegend junge Erwachsene zwischen 20 und 30 Jahren, und überwiegend Singles. Wie ich.

Denise ist mir prompt aufgefallen, weil sie – ungleich mancher anderer Singles – unauffällig und auf Wichtiges und Wertvolles bedacht, ernsthaft, integer und ohne Ablenkungen, den Zweck ihres Aufenthaltes in Wiesbaden verfolgte.

„Nichts mit Mal-näher-Kennenlernen oder so", dachte ich. „Auf keinen Fall schaut die sich nebenbei noch nach einem Partner um!" (Wo sollen die Frommen das sonst machen, wenn nicht in frommen Kreisen?).

Ferner hatte ich, neben dem bereits erwähnten, folgenden Eindruck von Denise: Sie ist eine unverletzte Persönlichkeit, hat ihre Vergangenheit und Gegenwart völlig „im Griff", und sie kommt bestimmt aus einem intakten, liebevollen, christlichen Elternhaus der gehobenen Mittelschicht. Alles gut, alles richtig, alles wie es sein soll und alles in der Reihe! – Dachte ich!

So viel zu meinen Menschenkenntnissen!

Aber so viel zu Gottes Wunsch, Möglichkeiten und Fähigkeiten, Menschen in Gänze zu heilen, zu verändern und etwas Neues, Gelungenes und Wertvolles aus verletzten Menschen zu machen.

Du konntest es auf den vorangegangenen Seiten lesen!

Denise Breuer

So oft habe ich mir gewünscht, ich könnte all die schlechten Erinnerungen einfach auslöschen. Ich wünschte, es gäbe ein Werkzeug, mit dem ich verhindern könnte, meine Gedanken wieder zu schlechten Erinnerungen, zu meinem früheren Leben abschweifen zu lassen. Aber vielleicht gibt es auch eine positive Seite dieser Erinnerungen. Es ist die Seite der glühenden Liebe Gottes zu seinen Kindern, die mich herausgeholt und mir zu meinem „normalen" Leben verholfen hat.

In Lukas 15 bekommen wir einen Einblick, wie Jesus verlorene Dinge betrachtet. Die Münze, zum Beispiel, hat ihren Wert nie verloren, selbst wenn sie erniedrigt und im Dreck verloren schien.

Jesus möchte zu dir herabsteigen und dich wie diese Münze oder wie das verlorene Schaf an sein Herz drücken und dich mit sich nach Hause nehmen. Nimm die Tatsache an, dass er anders ist. Er ist vertrauenswürdig und sanft. Und liebevoll und gütig. Er will den Dreck beseitigen, der dich niemals als das definieren kann, was du wirklich bist.

Wenn ich darüber nachdenke, woher ich komme und wo ich heute bin, erfüllt Dankbarkeit mein Herz. Ich möchte niemals all die vielen Dinge vergessen, die Gott für mich getan hat.

Er hat mir geholfen zu überwinden – meine schwierige und schmerzhafte Kindheit mit instabilen Eltern, die mit ihren Dämonen des sexuellen, körperlichen und verbalen Missbrauchs, des Alkoholismus und der Geisteskrankheit kämpften. Er hat mir geholfen, von meinen eigenen Fehlentscheidungen zu genesen, die mich in Drogen und Alkohol verstrickt hatten, in Promiskuität, Rebellion und Wut.

Er möchte auch anderen helfen, die in demselben Schlamassel stecken wie ich damals.

Es gibt Hoffnung. Gott hatte immer einen Plan für dein Leben! Okay, vielleicht bist du vom Kurs abgekommen und hast dummes Zeug gemacht. Aber: Es gibt Vergebung! Und mit Gott gibt es immer einen Neuanfang. Auch wenn mehrere Neuanfänge nötig sind, so wie bei mir. Das nennt man Gnade. Seine Liebe und Gnade sind so gut, dass es für jemanden wie mich schwer zu begreifen war.

Aber es ist wahr. Es ist alles wahr! Gott liebt dich so, wie du bist.

Du musst nicht erst all die schmutzige, harte Arbeit machen, um dich selbst zu verändern und zu verbessern, damit du auf seine Annahme hoffen kannst. Er nimmt dich so an, wie du bist, und ist bereit, die harte, chaotische Arbeit für dich zu tun. Dein Teil ist es, es ihm zu erlauben.

Als seine Liebe in mein Leben strömte, wurde mir klar, dass ich das Christentum mein ganzes Leben lang missverstanden hatte. Okay, ich gebe zu, dass einige Institutionen und

Christen daran mitschuldig waren, aber wenn wir in die Bibel schauen und uns von all dem religiösen Durcheinander abwenden, beginnen wir klar zu sehen, wie sehr Gott uns liebt.

Es tut mir leid, wenn du verletzt bist. Ich weiß, wie das ist. Auch Jesus tut es leid. Das war nie sein Plan. Die Menschen sind absolut freie moralische Akteure. Es steht ihnen frei, zu verletzen oder zu lieben. Und warum greift Gott nicht ein und hält sie auf? Und verhindert all das Böse und Leid in dieser Welt? Weil es wahr ist: Wir sind frei; keine Marionetten.

Geben wir Gott nicht die Schuld für das, was Menschen getan haben. Ich habe vergeben. Und ich wurde befreit. Ich wusste nicht, dass ich eine so schwere Last mit mir herumtrug, bis sie mir abgenommen wurde.

Du bist all das wert, was Jesus für dich erlitten hat, alle die schrecklichen Gräueltaten, die ihm zugefügt wurden. Deshalb hat er es getan. Aus freiem Willen. Um dir Vergebung zu ermöglichen.

Heute kann ich ehrlich sagen, dass ich ein Christ bin, und ich nehme so viel Kokain, wie ich will. Weißt du, wie viel ich nehme? Null! Meine freie Entscheidung. Ich habe keinen Appetit mehr auf Fälschungen – seitdem ich das Echte gekostet habe. Und er – Jesus – ist köstlich, wunderbarer und besser als jede Droge, die du ausprobieren könntest. Er ist das Echte, nach dem du schon lange gesucht hast.

Lade ihn in dein Leben ein. Besorge dir eine Bibel. Gehe in eine gute Kirche oder Gemeinde. Du wirst erstaunt sein, was Gott bereit ist, in dich zu investieren, und wie sehr er dir auf dem Lebensweg helfen will, den er immer schon für dich vorgesehen hat!

Gott liebt DICH.

JESUS,

ich habe gegen dich und gegen Menschen gesündigt. Bitte vergib mir meine Schuld und hilf mir, denen zu vergeben, die mich verletzt haben. Ich will denen vergeben, die mich verletzt haben und die mir große körperliche oder emotionale Schmerzen zugefügt haben. Ich gebe mich in deine Hand, denn ich weiß, dass du der einzige, wahre und lebendige Gott bist. Du bist der Einzige, Gott, der in der Lage ist meine Seele von allen Misshandlungen zu heilen. Ich vertraue dir!

Ich glaube, dass du für meine Schuld am Kreuz gestorben bist und dass du auferstanden bist, lebst und wiederkommst. Danke, dass ich durch dich ewiges Leben habe, weil du mich so sehr liebst.

Ich gebe dir mein Leben mit Leib, Seele und Geist, meine Vergangenheit, meine Gegenwart und meine Zukunft. Herr Jesus Christus, bitte mache aus mir eine neue Schöpfung. Stärke meinen Glauben, und gib mir einen neuen Geist und ein neues Herz. Erfülle mich mit deinem Heiligen Geist und der Liebe des Vaters.

Dir will ich ab jetzt vertrauen und nach deinem Wort will ich leben. Ich will dir gehören!

Danke, dass du mich mit deinem Blut von allen Sünden reingewaschen hast. Alles, was ich bin und habe, lege ich in deine Hände. Du sollst mein Leben leiten.

Amen.

Denise Breuer

Ich möchte einer bemerkenswerten Frau, die dieses Buch möglich gemacht hat, meine tiefste Dankbarkeit zum Ausdruck bringen. Sie hatte Vertrauen in mich und glaubt zutiefst daran, meine Story und ähnliche Geschichten bekannt zu machen. Ihr Motiv ist der schlichte und selbstlose Wunsch, denen zu helfen, die leiden und in Not sind.

Ich lernte Tabitha Hess auf einer Fasten-Wander-Klausur im Juni 2020 kennen. Sie ist unter anderem auch medizinisch zertifizierte Fastenleiterin und Gesundheitsberaterin. Dort, auf dieser Klausur, hörte sie Bruchstücke meiner Geschichte. Sie bat mich, darüber nachzudenken, diese aufzuschreiben. Was sie nicht wusste, war, dass ich diesen Wunsch schon immer gehabt hatte. Aber aufgrund einer ganzen Reihe von Operationen, oder sollte ich sagen, aufgrund der Auswirkungen der Vollnarkosen auf meine kreativen Fähigkeiten, hatte ich diesen Traum aufgegeben. Sie hat diesen Wunsch sozusagen wiederbelebt.

Sie glaubte unerschütterlich an mich und unterstützte mich in jeder Hinsicht, die ich brauchte. Ihre Hilfe kam immer auf die richtige Art und Weise und genau zum richtigen Zeitpunkt. Zusammen mit ihrer engen Freundin Susanne Hoehle (Trauma-Spezialistin) unterstützte sie mich mit Gebet, Ermutigung und Rückhalt in jeder Phase der Entwicklung des Manuskripts. Ohne diese beiden Frauen und ihre Hilfe wäre das Buch, das du jetzt in den Händen hältst, niemals möglich gewesen.

Ich möchte Rubina Chandnani für das Lektorat des Manuskripts danken. Rubina hat hauptsächlich Erfahrung im Redigieren wissenschaftlicher Forschungsarbeiten. Ich weiß ihre Bereitschaft, ihr Bestes für dieses Manuskript zu geben, sehr zu schätzen.

Mit großer Freude und Zuneigung danke ich meiner zweiten Lektorin, Sue Mulhern. Ihre Sensibilität und Sorgfalt haben das Werk, das du in Händen hältst, in die bestmögliche Form gebracht. Sie liebt ihren Herrn und Erlöser zutiefst und ist ihm vollkommen ergeben. Ich wusste immer, dass meine Geschichte in ihrer Obhut sicher war. Aus tiefstem Herzen danke ich Ihnen, Sue Mulhern.

Die Suche nach dem richtigen Übersetzer erwies sich als äußerst schwierige Aufgabe. Eine gemeinsame Freundin empfahl Petra Hinojosa. Nachdem Petra das Manuskript über Weihnachten gelesen hatte, teilte sie uns Anfang des neuen Jahres ihre Entscheidung mit. Wir waren alle zutiefst erleichtert und sehr dankbar, als sie sich bereit erklärte, uns auf diese Weise zu unterstützen. Petra, wir sind und bleiben sehr dankbar für deine großzügige Arbeit! Möge Gott dich reich belohnen.

Der Ruf, der Ihnen, Frau Klaudia Wagner, vorauseilte, sowie Tabithas Enthusiasmus für Sie, waren mehr als ausreichend, um mich davon zu überzeugen, dass wir unsere deutsche Lektorin gefunden hatten. Obwohl ich nicht das Vergnügen hatte, Sie kennenzulernen, bleibe ich für immer dankbar für das, was Sie für die deutsche Version meiner Geschichte getan haben. Alles, was Tabitha über Sie gesagt hat, und noch viel, viel mehr, ist wahr. Sie sind eine großartige Lektorin und ich bin Ihnen für Ihre professionelle Arbeit sehr dankbar. Herzlichen Dank!

Ich wollte schon immer Moms Geschichte erzählen. Die Geschichte, die sie im Stillen erlitten hat, ans Licht bringen. Zugegeben, es ist mehr meine als ihre, aber ihre Geschichte ist in meiner integriert.

Ich möchte Klaus, meinem Mann, dafür danken, dass er an meiner Seite war und mich auf diesem Lebensweg mit seiner Liebe und Unterstützung begleitet hat. Ich danke meinen beiden Söhnen dafür, dass sie das Beste in mir zum Vorschein gebracht haben und für das Privileg, ihre Mutter zu sein.

Und natürlich bin ich meinem Herrn und Erlöser ewig dankbar, der uns alle zusammengebracht hat. Er ist das große Superhirn, das immer hinter den Kulissen arbeitet. Darüber hinaus hat er diesen Schreibprozess geschickt genutzt, um weitere Heilung in mir zu fördern.

Ich danke dir, Herr!

Adressen für Hilfesuchende

Teen Challenge Deutschland

Lebenshilfe für seelisch- und suchtkranke Menschen

info@tcd-teenchallenge.de
www.tcd-teenchallenge.de
www.globaltc.org

---

de'ignis-Einrichtungen

Fachklinik / Wohnheim
Institut / Stiftung

www.deignis.de

---

befreit leben

Internationale Selbsthilfebewegung für Menschen, die Missbrauch erlebt haben

www.befreitleben.de

Heart Sync

Seelsorge-Model, aus verschiedenen Therapieansätzen für innere Heilung.

www.heartsync.eu
www.heartsyncministries.org

Nestli

Seminare. Traumabegleitung. Seelsorge.

info@nestli-seminare.de
www.nestli-seminare.de

ICTB

Institut für christlich orientierte Traumabegleitung

info@ictb-institut.de
www.ictb-institut.de

---

team-f

Christliche Ehe- und Familienseminare, Lebensberatung.

www.team-f.de

C-STAB

Das Werte-Netzwerk für Seelsorge, Therapie, Beratung und Coaching

www.c-stab.net

Ellel Ministries

Modularschule für Jüngerschaft, Heilung und Befreiung

www.global.ellel.org

ICL Institut für Lebens- und Eheberatung

Ausbildung in Seelsorge, Coaching und Individualpsychologischer Lebens- und Eheberatung

www.icl-institut.org

Broken yet
Valuable

Denise Breuer

How God created a vessel for His glory
from the broken pieces of my life

ENGLISH

Tom Bremer

Europe Teen Challenge

Most of the statistics available today indicate that children brought up in abusive situations will have a difficult life ahead of them. Abuse experienced by children creates a strong headwind on the journey to a balanced and "normal" adult life. The prognosis for good mental health is rarely positive. Yet, the story – Denise's story – recorded in the following pages offers significant hope for anyone who is or has been trapped in the hellish torture of abuse.

I have worked for 40 years with the addicted both directly and indirectly. A common feature in the story of so many who are addicted is childhood abuse – usually perpetrated by "significant others". Verbal abuse, physical abuse, emotional abuse and sexual abuse all seek to destroy the chance of a healthy and abundant adult life. All abuse pulls out threads at the seams of life and causes everything to unravel and fall apart.

Abuse also makes a generational journey through families and society. It is said from time to time in the counseling world that: "hurt people hurt people". This is the vicious and destructive cycle that passes from one generation to the next. Most perpetrators of abuse have themselves experienced abuse. I have seen only one way to end this vicious cycle.

As I read the pages of Denise's story another significant thought struck me: how vastly important the role of fatherhood is for producing healthy adults. As families break up, especially in western cultures, whole generations of young people are being raised without a father in the home. Many children are forced to abandon childhood and take on parental roles. Some children rebel from all authority. Some children hide and others seek ways to relieve the pain – drugs, alcohol, sex etc. - that abandonment has brought their way. This is to the detriment of both families and society. It creates a downward societal spiral with no end in sight.

But the story in this book is not about abuse. Nor is it a treatise on fatherhood. Rather, it is about the healing and hope that are products of redemption - redemption based on faith in Jesus Christ.

Considering redemption, a few things are abundantly clear. First God's Word incarnate, Jesus, pursues the lost, lonely and hurting of this world. He is chasing after us and greatly desiring that whosoever would place faith in Him, He will redeem. He pursues all of us in many ways. Sometimes it is through circumstances or some event that leaves a lasting impression on our lives. Often though, it is through others who have experienced redemption.

The second thing made clear by the process of redemption is that God will use other people to show the way to hope and healing. Denise's story is no exception. In the midst of the sharp edges of pain in her life she had glimmers of hope from people – a loving grandmother- an already redeemed boss – and later, working in an organization that knows the process of God seen through human story. God uses people to point the way. The writer of the book of Hebrews put it this way: "Looking unto Jesus, the author and finisher of our faith". (Heb.12:2) As we switch our gaze from the refuse of life to the Redeemer, we find hope, healing and redemption. Over time He causes us to become mentally sound, emotionally balanced, physically well, socially adjusted and spiritually alive! He becomes a "Father to the Fatherless" (Psalm 68:5).

Denise's story touched my life and again confirmed all I have come to believe. There is a redeemer – a lover of my soul who is pursuing me. My hope – and I'm sure it is Denise's as well – is that for any who read these pages and are experiencing hurt, abuse, emptiness and loneliness, you will discover this hope!

Perhaps you, the reader, have experienced similar events as described in the following pages and you feel a sort of relational and emotional paralysis that might resemble a frozen lake. Remember, dear reader, that beneath all of that ice there is always life! Our redeemer sees that life and causes a great thaw to melt away the hardness. Life springs forth! Denise's life is evidence of this great thaw. This book documents that. The Redeemer has, and continues to, melt the ice, and Denise's vibrant life is evident to all of us who are privileged to call her a friend.

One might ask, "Why write such a book?" The answer to that question is found in the Book of Psalms.

Psalm 107 states:

1) Oh give thanks to the Lord, for He is good, for his steadfast love endures forever!

2) **Let the redeemed of the Lord say so, whom he has redeemed from trouble...**

So, why write such a story? Because the redeemed of the Lord should say so!

Tabitha Hess

How nice that this book found you! It's certainly no coincidence.

I would like to tell you briefly how this book came about:
I met Denise during a week of fasting. One evening she shared bits of her past, and I got a glimpse of what lay behind her, and what she had gone through. And yet I never thought that there was such a story behind this woman. Her cheerful, outspoken nature, so open, direct, sensitive, and full of humor, one would have never guessed that. I could see that she knew Jesus and loved him with all of her heart.

And then this story!
How was that possible?

I grew up in a Christian home and my childhood and youth were the opposite of what Denise experienced. Where would I be today with her story? The painful experiences? The hurt and humiliation she experienced?

I might not have wanted anything to do with God. But he did with her! He came, lovingly took care of her, and gradually brought healing and restoration, beauty and identity. Made a future possible by restoring her full value. **Broken yet Valuable.**

That's God. The Denise I met possessed self-esteem. Those who read her story will find that God has refined the scars she bears. She knows the Jesus that I also know, albeit from quite different perspectives. But we share a deep desire to see people accepted, loved, and healed.

You may be familiar with the Japanese art form Kintsugi. It means "golden repair" and is a mending technique in which pieces of ceramic are reassembled into a new whole - the "scars" are then bonded with real gold. A beautiful image for the healing process.

There's hope for broken hearts. Every person has their own unique path to restoration. It is possible, but only with God's help.

He heals the wounds of every shattered heart.
Psalm 147:3 TPT

We have labored on this book project together so that you could be encouraged by Denise's story, draw hope for your own life, and encounter Jesus. He wants to collect all of your broken pieces and lovingly put you back together again. And He will turn every scar into "gold." It is finished!

This is my wish for you, from the bottom of my heart.

A FINAL REQUEST...

If you find while reading that the personal, painful events that are told here are too difficult for you to process - simply put the book aside!
Or turn to the end of this story for a list of contacts if you are looking for help.

– * Denotes a time jump in the course of the story.

– The names of the people have been changed.

01

The Early Years

FAMILY HISTORY

Mom was born in 1937 to a middle-class family who lived in the Midwest of the USA. She was particularly fond of her name, Theresa, the Carmelite nun better known as the "Little Flower of Jesus," was her favorite saint. She was the youngest of four children, but barely knew her two brothers as they were practically adults while she was growing up. Gérard, her oldest brother, was born in 1922, Antoine a year later, and her sister Juliette was born in 1925. Mom often said she felt as though she had two mothers as Juliette assumed many responsibilities for her baby sister. Gérard became a dentist and oral surgeon. Her brother, Antoine, was a successful businessman in Chicago, and Juliette was a top executive at the Pentagon. Out of the four kids, Mom was the apple of her father's eye - he loved and cherished his happy bundle of joy. Mom was an attractive brunette with deep brown eyes and a fair complexion. My maternal grandfather came from a highly respected immigrant family from France. They first settled in Canada and, over several generations, gradually migrated south and settled not far from the Canadian-American border. He was an extremely stern man and had a domineering personality. Because of his controlling behavior, Mom longed for independence and freedom and saw marriage as her only legitimate ticket to get away and live her own life. She desired to have a large family because she loved children.

She fell in love with the man of her dreams during high school. He loved her dearly, but he was not ready to settle down. According to my grandparents, the man came from the wrong side of the tracks because of his Italian origins. He had plans of his own and entered the military, leaving my mom behind.

In Mom's grade school years, she sometimes came home in tears. On her way home from school, a big boy would rub snowballs in her face. Over the years he also did other mean things to her. This same boy often captured small animals and would torture them to death. This and other troubling behavior should have alerted and warned her. Worse was yet to come. Years later, she married him.

*

Dad was born in 1930 to hardworking, surprisingly good-natured and altruistic parents who named him Johnny. My paternal grandfather was a kind and generous man. My grandparents tended a large garden, and the abundant produce was shared with many others. They had a basement filled with canned fruits and vegetables. They were also French immigrants and were immensely proud of their heritage. French was often spoken at home. Dad had one sister, and they were close only in age. His sister married an eminent executive at Standard Oil, and they lived in a charming suburb outside of Chicago.

Dad greatly loved the outdoors; he was a hunter and fisherman. He also loved to sail the Great Lakes and was an accomplished scuba diver. The sailor in him led him to discover long-sought shipwrecks. He loved adventure and physical challenges, was an excellent dancer, and often entered and won dance competitions with his sister as his accompanying dance partner. He was indeed a handsome man with dark hair and dark brown eyes, similar to a Casanova. No wonder Mom fell for his charming nature.

In the year 1954, she met my dad again, but this time at a New Year's Eve party. A month later, they had some explaining to do. Mom was only seventeen. When they told her parents that she was expecting, my grandfather suffered a heart attack. He was devastated and could not fathom how this could happen to his little girl. In those days, having an illegitimate child was a terrible disgrace. It brought great shame to the girl's parents. Both sets of parents forced them to marry, but they barely knew each other! So much damage was done to my grandpa's heart with the first heart attack that sadly, a few years later, he passed away from a sick and broken heart.

PINE STREET

I, Denise, was born in the year 1957. I was five years old when we first moved into a two-story, five-bedroom house that my parents had bought. This city was a two-hour drive north of where both my parents were born and raised. It was in a pleasant neighborhood in an old part of town. The large and spacious living room with a fireplace was converted into my parent's bedroom while the dining room was turned into our living room. We had a large backyard with many good-sized trees, my favorite being the large, old oak tree. I could see the lake from my bedroom window. I loved its cool, crystal-clear waters.

One day while playing with next-door neighbor, Laura, her dad came home from work. She was so elated to see him that she ran into his arms. He tossed her high up into the air and then would catch her. She was thrilled and squealed in delight. Never before did I witness such a lovely sight between a daughter and a father. I observed in silence trying to comprehend what was unfolding before my eyes. She so confidently ran into his arms, knowing she was safe, he was not hurting her, and she was genuinely enjoying herself. He kept repeating this over and over again.

The desire welled up inside me to also be flung high into the air. I had barely completed this thought when he looked at me and asked if I would also like to have a turn. I was speechless and could only manage a nod. He took me up into his powerful, yet safe, arms and hurled me high into the air. I laughed and squealed in abandoned joy. Never had I had so much fun. When my turn was over, he gently set me down on my feet. I was stunned. *So, this is what other dads do with their children,* I thought. Strong arms that created enjoyment, not pain. At that moment I understood for the first time that what Dad did to me was not normal. What he did filled me with pain and fear. So much fear, that I began to stammer and stutter. But I wasn't the only one living in fear.

PAROCHIAL SCHOOL

I was enrolled in the first grade in a parochial school in our new city. It was a large complex that consisted of a private school (first through eighth grade), a convent for all the nuns who taught in it, a home for the priests that said Mass, and a new church building that my dad had helped build. The nuns were not trained to be teachers. We had to wear uniforms to school. Girls wore plaid jumpers, white blouses, and navy-blue socks while boys wore dark navy-blue trousers and light blue shirts.

In the winter, snow was a normal part of our lives. Early in the wee hours I often heard the snowplows driving up and down our street, after which the sidewalk plows followed. We often had very heavy snowfall. The walk from home to school was 0.7 miles. In the frosty winter months, we often arrived at school with red, rosy cheeks and frozen legs. Other wealthy Catholic children stepped out of beautiful station wagons chauffeured by their parents. How I envied them.

Many wealthy Catholic families attended the parochial school. After my parents were divorced, we were permitted to attend for free. The Monsignor who oversaw the facility was a kind man and felt sympathy for my mom. Not everyone shared Monsignor's Christian charity. Some flaunted their subtle yet hostile attitude towards my family because they believed we didn't belong, and it was clear that we were not wanted.

It was later that I learned that the following incident was part of the reason. Incredibly early on a cold and bitter winter morning, Mom had walked to church to attend morning Mass. Someone drove her back home, and she was frozen through and through. She argued that Mother Mary told her to attend early morning mass.

I didn't understand why this was frowned upon and didn't make much of it. It was later when I understood the significance of this incident and why people whispered and eyed us when they saw us. We were the talk of the town. Although worse incidents have happened in the Catholic church, walking barefoot to morning Mass in one's nightgown in dead winter is what got everyone talking.

SISTER MARIE MARSHA

When I was in the second grade, we had a wonderful teacher named Sister Marie Marsha who taught us religion. She was the only bright spot for me at school. She was kind to everyone, and I felt safe when I was around her. She didn't cause me to tremble but helped me to hold my head up and not lower it in fear.

One of the many things I admired about her was that she knew how to stand up for what she believed. She had managed to convince those in authority to purchase Bibles for the pews in church and the classrooms. Someone had chosen a translation with which she was very unhappy. It described Mother Mary as a young woman and not as a virgin. One day when she came into class to teach religion, she seemed different. She told us to put our religion books away. She was going to explain to us what it meant to be a Christian. She shocked us by telling us we weren't Christians just because we were Catholic. She further explained that you're only a Christian if you ask Jesus to forgive you for all your sins and invite Him into your heart to be your Savior. She told us that we could be acquitted and made acceptable to God because Jesus died on the cross for us, but that we had to decide to accept Him. This, and not religious sacraments, made us Christians. Our choices and decisions. She took her time and explained it to us thoroughly. Wow, it all made so much sense to me. I knew she was telling us the truth. And I trusted her.

Then, she asked us to close our eyes, lay our heads on our desks, and think about what she had said. She encouraged us to invite Jesus into our hearts to be our Savior. She did this with clarity and precision. I knew exactly that I wasn't a Christian. And I knew I would do it… one day… First, I wanted to have fun. I thought God was the one who wouldn't allow any enjoyment. So, I decided that just before I die, I would call upon Jesus to save me. Then I could live with Him forever in heaven. But there was only one problem with my plan. What if I was involved in some sort of accident? From that day on I knew the way of salvation and decided I must be incredibly careful on my bike.

Shortly after this, the news was out that Sister had stopped being a nun and left the school. However, one fine day, she came to visit us on the playground during recess. I was mad at her. I thought she stopped loving God. She explained that she would always love God, but that certain things were more important to her than being a nun. I knew it had something to do with what she told us about how to become a true Christian. At school and church, we were taught that we were the only true Christians. That Jesus handed St. Peter the keys to the church and that he was the first Catholic. My neighbor friend, Laura, disagreed, and we sometimes had arguments about who a true Christian was. She invited me to her church. They were Lutheran. She explained that they were Christians, too.

When I was in first grade, the nun (our teacher) paired us all up with kids from our various neighborhoods. She introduced me to Becky and Jill. She explained that we could be friends, so that was settled. Becky and I quickly became friends and walked to and from school together on warmer days. On cold winter stormy days, her parents would drop her off at school. My teacher followed up on our progress, asking us if we were becoming friends.

Becky's parents owned a successful construction business and had a beautiful spacious home. The stairwell was paneled in a beautifully rich dark wood. The banister was done in the same luxurious heavy wood. I loved being in their home. I enjoyed the orderly, clean, beautifully furnished and decorated surroundings. Just like my parents, her parents also had seven kids.

I spent a lot of time at Becky's house. Sometimes on my way home, especially in the winter when the days were shorter and dusk fell early, I would look into the windows of other people's homes. Not a "peeping Tom" sort of a look, but a look with longing for beauty and order. How I ached to simply have a "normal" family. But I knew that my family was not normal. Far from it. Dad hurt us, sexually abused us, and harmed our mom.

SISTER AUGUSTA ROSE

At school and church, I was taught that the nuns were married to Jesus. They didn't have husbands because Jesus was their life companion. Often, I felt a deep sense of sorrow for Jesus, being married to such women. One nun in particular, Sister Augusta Rose, was tall and boney. Her hands looked like skeletons with skin stretched over them. She loomed in her black and white habit. From the very first day she walked into our classroom, she noticed that I stuttered.

From that day forward, she began to bully me, calling me names and saying mean things to me in front of all my classmates. My nervous stutter became even more pronounced in her presence. She knew that I feared her. She truly seemed to thrive and derive pleasure from my deep anxiety. I felt like a captured, wounded animal that she tortured.

Since my name is Denise, she would say that the only thing I could do well was to write my D's since I had enough practice. My last name began with a D. She would then call me, "Dumb D."

We often had to stand up in class when we had to read a passage. When it was my turn, the words would barely escape my mouth before she interjected saying "Sit down, Dumb D."

She would peck hard at my head like a woodpecker with her long, bony fingers saying, "Get the concept girl!"

This hurt me immensely, physically and emotionally.

Sometimes she would make a snatching gesture directly in front of my face saying, "Grasp for the knowledge."

For many years, I believed that I was "Dumb D...". I thought to myself "Why even bother trying?" I couldn't read well and hated being called out to read in class because of my stuttering problem. I adopted a bad posture because I was downtrodden. If I were a dog, my tail would have been between my legs in submission. The school was torture for me. I lived for and looked forward to summer vacations. But God had a plan for me even if I didn't know it...

She frightened me to no end. Every day, she humiliated me in some form or fashion. It felt as though she was sucking the life out of me day in and day out by pointing out all my flaws. She left me with exceptionally low self-esteem. I was her caged animal that she put on display.

Every time I saw her, my heart would be in my mouth, and I would have excessively and uncontrollably sweaty hands. I was a nervous wreck. I disliked school, and I deeply detested her. My girlfriend, Jill, had a different take on how to deal with her. She was fearless and advised me to trivialize her authority by laughing at her. It was easy for her to say because Sister never bullied her. Her family owned a successful Italian restaurant in the city and sometimes treated the Sisters out to dinner. Sister would never dream of picking on Jill... If only I had my friend's courage and her parents' influence.

These experiences made me an anxious child both at home and at school. I was ashamed of being ridiculed and that led me to feel hopeless. The only place I felt safe and sound was when I was in the woods or at my beloved Lake Superior.
I couldn't bear the humiliation any longer, so I decided to tell my mom. I told her everything. One day, our Monsignor walked into the classroom unannounced. Immediately, we all stood up and greeted him in an accustomed manner.

Sister was astonished to see him, but greeted him saying, "To what do I owe the pleasure?"

He paced up and down the aisles looking for me, but I dared not look up from my desk.
He suddenly stopped at my desk and asked if I were Denise D., to which I responded "Yes."

He talked to me for a while. He spoke to me in a kind and gentle manner. He further asked if I was treated well.

"Yes, everything is fine," I lied.

He went a step further and said that if I were ever ill-treated that I should tell him immediately and that I could visit him any time I wanted. I noticed that he glared at Sister. He patted my head and gave Sister Augusta Rose the look.

Things improved from that day forward, but I was never treated as an equal, and Sister made sure of that. During recess we played dodgeball, and I was always the last one to be picked – no one wanted me on their team. This was the polar opposite from my neighborhood, where I was always picked first and was the best when it came to sports. In my neighborhood, it was a different story. I was often the captain of a team, selecting kids for my side. My neighborhood friends went to a public school just up the street. Everyone wanted to be on my often-winning team. I often wondered: *why is it the opposite at school?* I was a winner in my neighborhood, but a loser at school.

MS. WHITE

Ms. White was in charge of serving hot lunches at school. She was a kind, pleasant, older plump woman with silvery grey hair. Each day, she set up the table at the entrance of the dining hall. All of the lunch tickets were arranged in alphabetical order. A line formed at her table as each child's card or family card was punched. Children often had envelopes with money in them from their parents. I don't recall ever having such envelopes.

She would fill out a new card, discarding the old. I felt so ashamed when my family's card was punched with so many holes, you could see right through it. One day, I asked her why my family never got a new card. She hesitated and gestured for me to continue in the line. The next day, my family had a new card. I was so pleased that she had provided us with a new card. She made me feel like the other privileged kids. In those days, I had no idea we were a charity case at school. I never forgot Ms. White for her kindness.

One day, my youngest brother, Jeff, turned to Mom and said, "I'm not going to school there anymore."

When she asked why, he said, "Everyone is mean to me."

Without any further discussion, she enrolled him in the public school just up the street.

I wondered, *"Why didn't I think of that?"*

I felt envious, but proud, of my little brother. He knew when enough was enough and escaped the hell I went through. Unlike my brother, it never occurred to me to simply tell Mom that I no longer wanted to attend school there.

PARENT-TEACHER ASSOCIATION (PTA)

One day I brought home an invitation to a student-parent PTA meeting. Mom had never been to one before. Mom was leery. I knew it would take some persuasion from my end for her to attend. I didn't let up and gradually convinced her. Finally, she gave in and agreed to come. We walked together to my school. I was so happy that she was coming to my first joint-PTA meeting.

We found seats and quickly settled. Behind us sat a classmate with his mom and dad. He greeted me, and we talked for a minute. He introduced me to his parents, so I introduced them to my mom. His mom was very pretty and had her hair all done up in a lovely hairdo. Her makeup was perfect, and she was dressed very fashionably. I enjoyed looking at her and was amazed how everything about her seemed to match from head to toe. I wished I could get another look. I glanced over at my mom. Everyone had their coats and jackets hung up in the wardrobe, but my mom kept her black coat on. I noticed it had a large rip under her arm. I also noticed that her purse was held together with a big safety pin.

Throughout the entire evening, my mom wrung her hands together so tightly that her knuckles turned white. I became aware that she was extremely uncomfortable. I felt terrible because I had persuaded her to come with me. When it was all over, Mom wanted to leave immediately. She didn't want to chat with the other parents that had formed politely conversing small groups. I understood. I longed for my mom to take better care of herself. I wanted so badly for her to look attractive and feel comfortable in public. She was a pretty woman, but she was so run down and defeated.

The next time I received an invitation to a PTA meeting, I told my teacher that my mom couldn't attend. She encouraged me to first take the invitation home and let my mom decide. I told her that I already knew she couldn't attend. Never again would I subject her to whatever at the PTA meeting made her feel so uncomfortable. In the future, I would protect her.

02

Magnanimous Mom

I long to tell the Story

I long to tell the story.
It should be told, but to who?
How we became orphans
Of the life he gradually slew.
She was often troubled
Haunted with sorrow
Life didn't favor or bless her
Or bend to her dreams
Yes, it is a sad, sad story
One to be told
Yet, no one is listening,
No one quite so bold.
To care and embrace her
And stand by her true,
We were all just children
What were we to do?
Her death was very gradual
The hope she lost was too.
Pain and sorrow, she never shook them
Like you could rid yourself of the flu.
She was a noble lady
Yet bent and ashamed and abused.
How my heart cries to her
Mother, Mother!!!!! I wish it weren't all true.
I long to tell your story,
But nightmares seldom sell.
When the reader sees "non-fiction" a story out of hell.

HEART OF GOLD

As a kid, I felt that I understood my mom. She was tenderhearted, compassionate, and magnanimous. Mom welcomed all kinds of people into our home. Sometimes, a crippled woman would come over for coffee. She looked frail and had problems with her joints. She also had problems with her jaw which swayed horizontally. Her condition frightened me, and I was concerned that I could "catch" whatever she had. Mom assured me that this was not contagious.

A homeless deaf and dumb woman who had a two-year-old toddler lived with us for a while. Mom instantaneously fell in love with the child. Her name was Lucy. When the child entered our home, she couldn't walk or talk. Within a truly brief time she was walking and began to speak. The woman wanted to leave Lucy with us. Mom was happy with this solution and agreed to it. Lucy's mom would then make a fresh start without a child to care for. In the end, this woman took Lucy and left. Mom was devastated.

BEFORE THE DIVORCE

When growing up, I deeply resented anyone who even slightly insinuated that my mom was crazy. One such person was my paternal grandma Mimi. She argued that my mom was a weak and spineless woman. She didn't know what was happening behind closed doors. My paternal grandfather begged my maternal grandma Flora to never tell my paternal grandma Mimi the truth. *Why should she be spared and protected from her son's behavior when we were not? Why should she be free to think and speak the worst of my dear mother who was and had suffered so severely?* The "never tell" mentality kept everyone in the dark and, sadly, that became part of our DNA.

During the thirteen years that Mom was married to Dad, she had seven nervous breakdowns and underwent three electroconvulsive therapy (ECT) treatments. When my mom was absent, my maternal grandma Flora would take care of us. She loved us all very dearly. There were many unspeakable things my dad did to my mom that my paternal grandma Mimi didn't know about.

On one occasion, he had arrived home promptly at 5:00 P.M.. Although dinner was in the makings and would soon be ready, it was not on the table. He went berserk and grabbed my mom by her hair and began to beat her head against the metal kitchen sink. I was horrified and paralyzed. My mind couldn't process what was happening. His rage made her helpless to defend herself, and she was dragged like a rag doll into the living room. She could not withstand him. He severely beat her and then stormed out of the house. He left her in a heap on the living room floor. We children gathered around my mother who lay sobbing and trembling on the floor, splattered by her blood. We were all in a state of shock! Later I would ask myself over and over why I didn't help her. Why couldn't I have stopped him? These questions and more would haunt me for years to come.

In the days following this incident, my mother became extremely nervous. She began preparing the evening meal in the morning. When he walked through the door at 5:00 P.M. we children were all seated around the table and dinner was ready to be served. My mother stood by the stove in silence, watching us eat. In confusion, I asked her why she didn't join us for dinner, not realizing how traumatizing mealtime had become for her. Dad just laughed and enjoyed his meal. The tension in our family was impossible to overlook

*

I recall another incident that took place. Once, a Twinkie was missing from the kitchen cabinet. My dad demanded to know who had taken it. Since my maternal grandma Flora bought it for him to take in his lunchbox, she was excused. He then lined us all up. He took off his belt and started hitting us until one of us confessed.

Finally, my brother, Gary, spoke up. "I did it, Daddy, don't hurt them anymore."

Dad took Gary into his bedroom. We stood outside the door. The sound of the belt could not be heard. I could hear my brother sobbing. After what seemed an awfully long time, Dad stormed out of the bedroom. My grandma Flora went into the bedroom to console him and shut the door behind her. From the bedroom, she began wailing and crying out in agony about his "bloody rectum." I could see my brother was traumatized and lethargic. I had no idea what a rectum was, and absolutely no concept as to how it could get bloody. He had raped his son. My grandma Flora threatened to call the police, but my dad scoffed at her.

"They're my kids. I can do whatever I want to with them," was a statement I often heard him say as if we were some sort of object.

I was the one who had taken the Twinkie, but I was too frightened to admit my "offense." My brother asked Grandma Flora to pray for him that he would always be a good boy so that this would never happen again. Every time it did happen again, my brother confessed to offenses he had not committed, but offenses that I had committed. And his "punishment" was also repeated. He suffered for my naughtiness and bore my guilt.

Maybe Mom knew that Dad was sexually abusing us kids. That is what was making her sick. When Dad would sexually abuse me, I would cry. He would cover my mouth. If I didn't stop crying, he would also hold my nose shut. Often, I felt as though I would faint, and sometimes I think I did. Then he would explain that as soon as I stopped crying and got quiet, he would let me go. I would struggle to regain composure. I have often wondered if that's why I have asthma.

*

Overnight, Mom disappeared. She was admitted to a state mental hospital. Dad was visibly shaken after returning home from visiting Mom in the hospital. Mom had a nervous breakdown.

"When is she coming home?" I wanted to know.

No response.

Soon thereafter, we were all loaded up in the car and drove the two hours to visit her. Beforehand, we had a thorough briefing.

"Your mom is very happy to see you all," my dad explained. "She's just a little nervous."

"Why?" I wanted to know.

"Because she can't remember you all."

"Then how can she be happy to see us?" I asked in confusion.

"She knows she has seven children, but the therapy has erased her memory," he said.

I could see I was wearing his patience thin, so I thought it wiser not to risk his unpredictable, explosive anger with any further questions.

When we finally arrived at the hospital, they brought us to the "dayroom," whatever that was. It all seemed so impersonal. I wanted to be alone with my mom. I wanted her to hug me and tell me everything would soon be all right, but none of that happened. We all seemed to perplex her. Dad went down the line and told her each of our names. Inside I wanted to scream. I couldn't bear the fact that my mom didn't know me. We seemed to be strangers to her. And she appeared to be an embarrassed actress who had forgotten her lines. She looked around at us in bewilderment, and it was obvious that she was overwhelmed. Some sort of authoritarian nurse stepped in and started showing us all the wonderful things my mom had made for us. She told us of all her arduous work and how much she loved every one of us. Then my mom had the task to hand out each item to us. She would hold up the object, call out the name and ask that particular child to come to her. I thought that was an odd way to pass out our gifts.

When it was my turn, she held up the object and said, "Which one is Denise? Denise, please come forward for your gift."

She had painted our names on the gifts: like a fake Santa, she began to pass out presents to children she didn't know. How could this be good? I couldn't fathom it. The medication made her tongue swell and mouth very dry. She didn't say much, but apologized repeatedly, assuring us that everything would be all right. I just did my absolute best to listen carefully, trying desperately to decipher what she was saying.

We were all grateful when the visit was over. The emotional drain was severe. Silence reigned in the car for the entire duration of the journey home, hanging over us all like a thick fog.

When Mom finally returned home, she was different. She was like a stranger; I knew her, but she didn't know me. She would have to start all over again. And I would help her. So, we plunged back into having our mom again.

*

One day I rushed into the bathroom, my bladder ready to burst. I had made it, after running up a flight of stairs to the only bathroom in our house. Mom was soaking in the bathtub. At first, I thought that because she was lying with her head partially underwater, she couldn't hear me. So, I greeted her and waited for her to scold me for rudely interrupting her solitude. No scolding or reaction. I knew that faraway look. Why didn't I see this coming? Now I feared it was too late. *No, not again,* was all I could think. *Not another, nervous breakdown.*

"Mom, how are you???"

No reaction. Nor did she attempt to cover her nakedness. I gazed into the water. It was clear with no traces of soap.

Non-responsive and staring into space, I yelled at her, "Mom, please don't get sick again! Please!" I pleaded with her. "Mom, we need you, don't leave us again."

"Don't worry, I will be all right," she assured me without looking at me and again sank underwater.

I tested her water. "Mom, do you want me to add some hot water to your bath? Your water is cold."

"No, it's fine."

How could it be fine? It wasn't nice and hot as she liked it. I knew it was quite serious, since she never bathed in cold water. When I tried to engage in further talk, she signaled the end of our conversation. At the age of nine, I chose to accept her response without really believing it. I wanted desperately to believe her. But all too well, I recognized the symptoms. In the deepest place of my heart, I knew it was hopeless. Was I lying to myself as I accepted what she said…?

The next day, they took Mom back to the state mental hospital. *If only I had captivated her attention and drawn her back to us in conversation. Why couldn't I have helped her? How long would she be gone this time? My beloved grandma Flora would come again to take care of us. Was that part of the reason I let her slip back underwater and away from the conversation? Away from me? What should I have done to keep her with us? Shook her or slapped her on the cheeks? Scream at the top of my lungs, begging her to stay?* Nothing would have worked, so I accepted the inevitable.

*

Once, Grandma Flora told us about Mom's involvement in caring for "Water-head Babies" at the state mental hospital. Try as I might, I just couldn't grasp the logic. Why was she one hundred miles away from us caring for someone else's children when she could be home, here where she belonged… with us? Wasn't that the responsibility of the hospital? I suppose Grandma Flora was trying to help us feel proud of our mom, explaining that one day those babies would die. I felt no sense of compassion for them. I resented them. I secretly hoped they would die soon, then Mom would come back to us.

I don't remember how long she was gone again that time. But when she returned, it was the same as always. Dry tongue and no memory of us. I was accumulating a collection of these highly praised hand-crafted gifts with our names painted up in the corner. I didn't want the gifts and felt overwhelmed with guilt. I simply wanted my mom. I was expected to show gratitude, but felt none. All her memories were erased. They couldn't separate the bad memories from the good ones, so they just erased them all. She didn't know us. Again, shock therapy.

She weakly told us she was "looking forward to getting to know us again!"

How many times would I have to start from scratch again? Grandma Flora asked me not to talk with Mom about it because it made her feel sad. I would do anything to help. It's all a bit clearer now, looking back as an adult. But as a child, I knew "things" weren't right. No matter how intensely and desperately I longed for them to be so, I observed life around me and craved even the slightest crumb of normal.

03

Life Gone Wrong

KAY AND JOANIE

We were all gathered for a family reunion. It was with my dad's side of the family, and we met at his grandma's house. Dad called her "Mémé." She was incredibly old and never wore her dentures. I knew she liked me very much. She could only speak French, but somehow, I always felt as though I knew what she was saying. We were being positioned for a family picture. Dad excluded two of my sisters from the picture. His grandma scolded him, demanding the inclusion of my siblings.

This is a family picture that was taken in the year 1963. Left to right. Dad holding Joanie, Linda, and Mom holding newborn Jeff. Gary, Denise, and Kay. (I was ordered to hold) Aileen.

He protested, "This is a family picture." Dad did relent and obeyed his grandma, allowing my two sisters in the picture.

Then his mom, my grandma Mimi, scolded him. "That's not the way to hold a child!"

Dad halfheartedly attempted to hold my youngest sister better. Mom was nervous. She always bit her lip when she was nervous. This was a very tense moment. I didn't comprehend its significance (until much later), but often pondered it.

Years later, Mom invited my sister, Kay, and me to come up to her bedroom. She had something especially important she wanted to discuss with both of us. During this time, she was also going through the twelve steps of Alcoholics Anonymous (AA) and wanted to make amends. She disclosed the fact that Kay had a different father. She also admitted that Joanie also was not from my dad. Kay began to cry. I tried to comfort her with the thought that she should be glad and grateful that "he" was not her dad! So, this was why Kay always seemed different than me. She was good-natured, honest, and open. If there were some sort of problem, she would just talk with you about it. I never knew how to do that. I was always on the selfish, sneaky side. I wanted to be good like Kay, but just never knew how.

Mom told us about the love of her life, the man who had loved her, yet was not ready to settle down. The man that left for the military. When he returned home from the military, they met secretly. She told him how unhappy she was, that she would leave Dad for him. He told her no, you have a family now, and you need to stay with your husband. I always envied my sister because she was from the man Mom had loved. I had gotten other genes.

*

One day at high school, a fellow student discovered that we were sisters and not best friends as she had assumed. This teen pestered me with questions.

"Well, you don't look alike" she quizzed.

Just to get rid of her, I told her we were half-sisters. Same mom, different dads. Well, that satisfied her, and she stopped bothering me and left.

That day when we got home from school Kay complained to Mom. "Mom, you'll never guess what Denise told someone at school today! She told so and so that we were half-sisters!"

Mom became uncontrollably and uncharacteristically angry and struggled to regain composure. She demanded to know who had told me that. I told her to relax, that I was just kidding. Mom scolded me and made me promise never to say that again. Little did I know I gave the girl at high school the most plausible answer: the truth. Years later I concluded that this was why Mom had asked me to join them that day as she confessed and asked forgiveness.

*

Once in defiant anger, I sassed back at Mom, "I never asked to be born."

Her reply stung deep to the core, "Yeah, me neither!."

Sometimes I wished I weren't alive. Or at least I wondered why I couldn't have been born into a different family. A normal family. With good and sensible genes.

DADDY: A PAINFUL WORD

Although it's completely baffling to me as to why or how, but I loved my dad and was equally frightened by him. He was volatile. In one instance, I would get his leather belt as punishment, but then at a later time, commended for the same behavior. This left me feeling utterly confused and terrified. There just didn't seem to be any safe turf or logical rules. I began to stammer and stutter terribly. If I sensed someone was angry, harsh, or authoritarian I would stutter and feel like I was falling apart inside.

I was too young to remember the first time Mom got sick. They called it a nervous breakdown. Mom was to have seven nervous breakdowns over the thirteen years she was married to my dad. After the annulment/divorce, she had an additional three.

Later, it was said of my dad that he had an "insane temper." He was unpredictable; you just never knew what would set him off in a rage. Afterward, he often had no memory of the damage he had done. I suppose that made it easier for him to live with himself. For us, it made it harder.

I sometimes heard the hushed whispers talking about my mom. Some said she was crazy. I knew my mom wasn't crazy. She was a very compassionate, caring woman, caught in a cruel trap.

MY HAPPIEST "DAD" MEMORY

Mom was back in the state mental hospital. Dad ordered us to our beds that night. Kay and I shared a room at that time. We lay in bed with the light on (not daring to get out of bed and risk some form of punishment for disobeying his order to turn it off).

Dad came into the room and demanded in a stern voice, "Who turned that light on?"

"You did, Daddy" we both responded.

Dad lifted a hand in the air and gently tapped it with the other saying, "Bad, bad Daddy."

We were filled with relief and amazed; he had made a joke.

At an early age, I had the sinking feeling that my world was falling apart. I was powerless to reverse or restore the damage. There were harsh and angry words coming from my dad. Something was terribly wrong, and I couldn't understand what was happening.

WEDDING BAND

Dad took Mom's wedding band away from her and had a large gold ring custom-made for himself out of both of their rings. During one of his angry times, he hit her across her face with the hand wearing his "new" large, gold ring. Somehow this hand with his ring caught her at an angle producing a long, deep, gaping cut across her face. Dad stormed out of the house. Later when he returned, he saw Mom holding a towel to her face. He was concerned and asked to see. He told her she needed to go to the hospital and have that taken care of.

"How did this happen?" he demanded.

Mom could barely look him in the eye. "You did this," she weakly managed to say.

Shock and disbelief filled his face.

For many people, a wedding band holds special meaning. An endless circle has no beginning or end. A circle goes on forever… would his abuse also? Mom no longer had her wedding band; instead, he had given her a scar made by it.

FOOTLOCKER

Dad kept an old Air Force footlocker in his bedroom. He secured it with a padlock. It was filled with all kinds of costly treasures. We were occasionally allowed to have one sheet of paper from it to draw on. We didn't dare ask for more, thrilled to have a whole sheet to ourselves. I often watched Dad reorganize and clean out his footlocker.

It always seemed to follow the same pattern. He would bring the kitchen trash can into their bedroom. He kept fruit in his footlocker, locked away from us. Often the bananas were black and shriveled. It was difficult in that decomposed state to identify exactly what kind of fruit it was, but I thought I recognized bananas, oranges, and apples. Often the fruit was rotten and disfigured. Time and time again, I watched him throw fruit into the garbage. We kids seldom enjoyed having any kind of fruit. As a small child, I simply accepted the fact that he didn't share this fruit with us. I knew he must have an exceptionally good reason. But I did think it was wasteful, simply because no one ate it. So, my conclusion was that giving it to us would have been far better than throwing it out. Then I realized that couldn't possibly be right; Dad was a grown-up. And grown-ups were far smarter than kids… I wracked my brain trying to figure out what I was overlooking… I knew there was something wrong with my logic. One day, though, I knew I would understand.

*

After the divorce, Mom often put fruit in a large colorful bowl. It was gone so quickly, often I never even got one piece. I complained to Mom. She began dividing it up for each of us. Portioning it out into plastic bags, we were then responsible to take it up to our room.

It felt so empowering to have my own fruit. I could decide when and what I ate. I don't think we ever once threw out rotten fruit. I still had not uncovered the logic behind Dad's hoarding behavior. One day though, I hoped I would.

*

Dad had a coin collection in the basement, high up on a shelf, tucked neatly away in special drawers. I would steal large silver coins and buy candy on the way home from school. After a while, the man in the store began to question me. I was spending silver Kennedy dollars and half dollars that were far more valuable than a mere fifty cents or a dollar. Dad began to accuse Mom of taking the coins. He was violent. He hurt her. This put an end to my source. I loved my mother and would never endanger her.

Don't look back

Don't look back
he's a thing of the past
Relax, relax, relax!
A thing of the past
Don't look back
The curse is broken
He has spoken
Peace, be still!
Release your dream
In the unseen
Peace, be still!
The curse is broken.

OUTDOORS, MY SANCTUARY

I loved spending time outdoors, especially high up in trees. I often ate leaves and other parts of plants. My favorite was maple leaves. Many of the others I tried, such as oak or willow, were tough and bitter. I preferred maple leaves in the spring when they were young, clean and tender. I would fold them up into a small square, place them in the back of my mouth and slowly chew.

I often told myself, "Ha! I don't need anyone. I can live in trees and feed myself."

I can proudly say I never once got sick, and to this day, have a good immune system. I found all kinds of edibles, and often on the way home from the beach, shared my discovery with my siblings. One such tree had a bud-type growth that sprouted between its leaves. I called it my banana tree because these buds tasted like bananas. My younger siblings liked them, too. I also ate daisies. Sometimes Mom asked me if I was eating leaves again. In surprise, I asked her how she knew.

"Your teeth are green," she'd say.

Sometimes the neighbor-lady would call my mom to warn her that I was sitting on the very top peak of our roof. I loved to climb, high as I could. I felt safe and secure way up high. My mom would come out of the house, demanding that I come down. She said she was worried for my safety. I snuck up as often as I could. I just loved sitting up there, gazing over our neighborhood and enjoying the view of the lake.

We had a huge old oak tree in our backyard. I would climb to the very tippy top. Swaying in the breeze brought me a sense of calm and peace. One day, when Dad was in the backyard, I boasted, and announced, "Nobody can get me up here!"

Dad said, "I can get you from anywhere."

I began having nightmares. In my dream, a tiger followed me. I was walking down the street, minding my own business, and there he suddenly was. I quickened my pace. He did as well. He was dead on my heels. Instinctively, I knew this was a life-or-death situation. I rushed in through the front door of a neighbor's house and ran inside. The tiger followed. He was just inches behind me. I managed to leave the house from the back door and sprang off the patio. To my utter amazement, I flew into the sky. I could fly! I saw the disappointed look on the tiger's face as he stood on the patio. I awoke in a cold sweat. The horror I felt was indescribable. It was only a dream, but I experienced every detail as though it were reality.

The same tiger came in another dream, and this time he wasn't alone. He had an evil witch with him. A similar scenario followed; they stalked me. Only this time, fire shot out of the witch's and tiger's mouths. I barely managed to escape. I leaped up into the air and started to fly.

I had this nightmare night after night with different details added to it each time. In time, the witch and tiger also could fly. Life became extremely dangerous. Again and again, they narrowly missed me. Somehow, I always managed to escape their clutches. I was unskilled at flying, an amateur. I had to learn quickly. Branches would slap me in the face and arms in my desperate attempt to escape. I didn't have a second to lose or be concerned about such insignificant injuries compared to what they intended. In time I learned how to bank and turn… narrowly escaping their evil grasps. I became quite proficient. It appeared they were unable to follow me into the higher altitudes (an insight I delight in today). Sometimes when danger was far behind me, I would go on pleasure flights. I was afraid of getting too far from home, concerned that I might not be able to find my way back. Oh, the joy that flying brought me. Seeing my city from the air was such a beautiful sight. It filled me with awe and wonder. The lake was beautiful and glistening. When I would wake up, I would lay there feeling a sense of satisfaction. I had outmaneuvered and outflown these evil creatures. I knew the secret of seeing the world from the sky. I experienced these dreams for a long time. For me, they were just as real as daytime life. How I loved to soar!

DAD ADVENTURES

I don't know why, but I was always my dad's favorite girl. I was physically strong and fit; maybe that had something to do with it. I also resembled his side of the family. Once when I was incredibly young and visiting my beloved grandma Flora, we were outside of her house, and she was talking with a lady.

The lady said in dismay, "She looks just like Johnny!"

"Yes," my grandma Flora answered, "but she has her mother's heart."

I took great comfort as a small child, knowing there was something good about me. I had my mother's heart!

*

On a rare occasion, Dad took me with him in the car. I couldn't see out the window, so I stood on the seat beside him. He ordered me to sit down. I complied. But because I couldn't see, I gradually stood back up again. At the next traffic light, he slammed on the brakes causing me to fly against the dashboard and land on the floorboard. After this experience, I learned to stay seated.

One time Dad waited at an intersection. He wanted to turn left. His light turned green, but so did the pedestrians'. A man began to cross the street. Dad drove the car into the man. The man began shouting at him, limping away, rubbing his leg. Dad just laughed and pointed at his green light. I sat there reasoning within myself: who was right? I decided the man was right, Dad shouldn't have hit and hurt him. He, too, had a green pedestrian light. I slowly began to realize that Dad was often "not right" in what he did. He seemed to enjoy hurting others.

Another time when I was out with Dad, he told me to lie to Mom saying we were considering buying a boat. He also gave me a brochure to show to Mom. I knew I shouldn't lie but did what he asked me to do. When I told Mom, she was terribly upset because she knew very well that we couldn't afford it. He threw his head back like he often did and had a good hearty laugh. I decided it just wasn't right to tease Mom in this way.

*

Dad always had a boat, a cabin cruiser. Once after the divorce, he told us he was taking us all out on a ride. Only us kids, though; Mom wasn't invited. We got out in what seemed to me the middle of the lake. I couldn't see land in any direction. Dad put on his wet suit and diving gear. He gave us a rope and told us when he gave the signal for us to pull as hard as we could. He came up from the water and told us to pull. We tried and pulled as hard as we could. It was useless; we just weren't strong enough. Dad finally accepted it. I asked him what we were trying to pull up. He wouldn't answer me. I wondered why he hadn't taken some of his buddies to help him with this task. That wasn't the kind of boat ride I had anticipated. I realized it wasn't a ride at all. Dad was wrecking behind his buddy's backs, using his kids as manpower. Whatever it was that day, we simply didn't have the strength to raise it. Dad was disappointed. So was I.

*

We had large iron anchors in our front yard. Dad had discovered them on shipwrecks and proudly displayed them on our front lawn. He sanded them down and painted them a pretty silver. The neighbor ladies weren't happy. They said it was dangerous because the kids liked to climb around on them. He told them to keep their kids out of our yard and that was the end of that. I was sad because from this time on the neighbor kids never played in our yard.

*

Dad's love for hunting and fishing led him to convert an old refrigerator into a smoker. The neighbor lady often hung her wash on the line. When Dad would begin to smoke fish, she would come out of her house and complain. He just laughed and ignored her. Hastily she removed her wash. She, too, had a large family. She asked him how she was supposed to get her laundry dry. That never concerned Dad.

*

When we lived in the country before moving into our first house, Dad had two malamute dogs which he named Buster and Lady. There was a time when a man walked up to my dad with something in his hand. He was upset and kept showing it to Dad.

"This is all that's left of my dog," he said.

I couldn't figure out what it was.

"An ear! That's all that's left of my dog!" he cried.

Oh, an ear! How did it get detached from his dog, I wondered?

My dad just laughed and told the man that he should have kept his dog at home. They exchanged words and after a while, the man just stormed off. I couldn't understand how our wonderful Buster had taken the dog's ear off.

Also, while we lived in the country, we rented a house from a businessman in the city. Dad shot a bear out of season and gutted and drained it in the basement. The owner of the house was upset as the basement was furnished with new carpet and had no drain in the floor. Such indifference and disrespect for others' property was typical behavior for Dad. Years later my sister married the businessman's son. Such an interesting coincidence. This foreknowledge helped her husband to better understand my sister.

*

Dad often did things that others disapproved of. This never seemed to bother him. When we moved to that first house in the city, the neighbor told Dad that his malamute dogs should get out of the kennel and get exercise. This made Dad angry. Sometimes after work, he would take the dogs in the car down to the beach. There he let them out of the car on ropes and allow them to run behind the car.

*

One day, I saw Dad shooting something in the big oak tree from the back window of our house. He seemed to be enjoying himself, so I asked him what he was doing. He was shooting squirrels for fun. I was so upset because I adored grey squirrels. There were many squirrels and chipmunks in our neighborhood. I wanted to stop him, but I knew if I said something wrong or interfered, I would provoke him, and he would hurt me. This would jeopardize my safety. When faced with stressful situations, I would find it hard to think straight, and this affected my thinking ability later in life.

*

Dad would sometimes take the whole family out for a car ride. Our city had a beautiful park located at the lake. He would scare Mom and all of us by driving the car to the very edge of the cliff. This would get Mom upset and frighten her. My stomach, too, was in knots. Mom would say "Think of the kids, Johnny." He would park at "Sunset Point" and practice his scary car tactics. When the car came to a halt, we all felt relieved.

*

Dad would often go on diving trips to Florida on his own. When he was away, life was more peaceful and less stressful. He wanted to move to Florida because it was warm all year round, unlike the bitter cold winters and heavy snowfall in the

Midwest. I was excited about the prospect of moving to this paradise. I told all my friends that we were moving to Florida. But nothing came of his announcement. I felt embarrassed that I had shared this with them. Then he would go again on a trip to Florida and come home telling us we were moving. This time it was true. And I told all my friends the exciting news. Again, nothing happened. My friends taunted me. I learned never to believe what my dad told me. I decided I would always first wait and see. If what he said came true that was fine, but otherwise, I couldn't bear the disappointment. It was better my way.

*

I liked being around "good" and "wholesome" men, but they were few and far between. My dentist was just such a good and wholesome man. I had a unique antenna for such evaluations, and I was seldom wrong. When he treated me, he leaned his body around mine, almost in a hug. Although I never looked forward to the dentistry part, I soaked up his embrace and savored every second of it. I often wondered as a child if he sensed all the love I was taking from him.

TOTAL ECLIPSE

I was at my grandparents' home. I felt a certain sense of privilege to be with them. Grandpa was at work. But there was an inexplainable feeling of tension in the air.

My grandma Mimi marched me up to an upstairs bedroom. She let the Venetian blinds down and twisted the rod shutting them. She told me there would soon be a total solar eclipse and that if I looked at it, I could go blind. She said I was not to look out the window, to stay in the room until she came back to get me. Then she turned around and left, shutting the door behind her. I was in grade school.

I sat on the bed processing the information. After I was certain she was downstairs, I got off the bed and went to the window. I peeked out from behind the blinds. I had a perfect view of the total eclipse. I watched it for a few seconds, wondering if I would soon go blind. Satisfied, I went back to the bed to await her return. I scoffed in my heart at my grandma Mimi 's foolishness. Ha ha ha… I had looked at the eclipse and hadn't gone blind.

That night my grandpa repeated the same information my grandma Mimi had earlier disclosed. He was a wise and wonderful man. How could he, too, be so wrong, I reasoned. That night after dinner we watched the entire event on the evening nightly news. Everyone seemed to make such a fuss. The news announcer also maintained that looking at it with the naked eye could cause blindness. They couldn't all be wrong. I pondered how I was able to view this occurrence without any consequence.

Sometime later, when I was back at home, I wondered why I couldn't decipher which neighborhood kids were standing down the street by the corner. I squinted my eyes and just tried harder. No matter what I did, I still couldn't make out who was standing down the street. I wondered why, but didn't give it much thought. Later, at school, I had an awfully tough time seeing the chalkboard. I struggled for some time on my own and asked to be seated closer to the front of the classroom. Much later in the year, we were given an eye test at school.

Walking home from the optometrist with my new glasses, I was amazed to be able to see every single blade of grass on the lawns I passed. A tree was no longer a blob of green but made up of many individual leaves. I was astonished at the difference but still hated my glasses.

Much, much later it occurred to me that viewing the total solar eclipse had affected my eyesight. And I often wondered why grandma Mimi had been so careless with me in her charge.

THE DIVORCE

Mom began getting "counseling" outside of our parish from a kind priest. He patiently helped her realize that as long as she was married to my dad, she would continue getting "sick" and be in and out of the state mental hospital. Dad's mother had no idea what was happening behind closed doors. My beloved grandma Flora would cry and threaten to call the police. Dad would always say, "They are my kids. I can do whatever I want to with them."

Grandma Flora would say "There are laws against what you are doing."

He'd say, "Go ahead and call the police. These kids will all go to orphanages."

We were abused in every sense of the word: Sexually, verbally, and physically. Maybe an orphanage would have been better…?

My parents were divorced when I was eleven. Actually, their marriage was annulled. My oldest sister and I were asked to write two accounts of occurrences of violence. These and other evidence were used in annulling their thirteen years of marriage. Mom said this was important in the Catholic church if she were ever to remarry.

I will never forget the night he left. We were all taken upstairs and instructed to remain there until she came up to us. We could hear loud shouting downstairs. We heard him get into the car and drive away. It was winter and snow covered the ground. Quickly, I tried to free the window of frost so I could witness his departure. I heard him spin away and barely saw his taillights through the icy window. Mom came upstairs and declared, "He's gone!" We were so happy that we began jumping up and down on the beds. This was normally never permitted, but Mom held our hands to help us bounce even higher. I thought she wanted to climb up and bounce with us. The sense of relief was felt by us all.

I never felt safe in our house after he left. He didn't agree to leave; he was forced to. He would return to our home and have fights with Mom. She had to have locks put on our doors. He came to our house, banging on the windows, demanding she let him in. She refused. You just never refused Dad. Then they arranged for times for him to come to get his stuff. He had a rock tumbler and polisher in the basement as well as scuba diving equipment, objects he had found on the shipwrecks and that large coin collection. He also wanted to take the large picture that hung in our living room. It was a scene of a storm on a large body of water with huge waves crashing up and whipping wind. Mom said he couldn't have it, that he had given it to her as a present. He wanted to take it anyway. She insisted that it stay. In the end, she won. I was so proud of her for standing up to him. I knew it had taken a lot of courage on her part. I was also surprised that she won; the first victory I had ever seen my mom achieve. Dad was accustomed to getting his way. This was all very new for him. He thought he could come and go as he pleased. Not so. I often patrolled all the doors and windows, insuring they were secure and locked.

One of Mom's first purchases after the divorce was a shade for the window looking into the living room. The neighbors to our right had often observed Dad during his "discipline." He would line us all up according to our age, then take off his belt, make us all bend over, and hit us all in order. The neighbors frequently watched this spectacle. Mom often complained and told Dad the neighbors were watching. That didn't faze him in the least. To Dad, this was a civilized form of punishment. Often it was not as orderly. Now at long last Mom had her coveted shade. I put it up for her.

Sometimes I felt like a little kid at Christmas time, peering into a beautifully decorated display window of a toy store, knowing that other families enjoyed security and love. Realizing that this type of wholesome family life, pure and good, was unattainable for me, looking on with longing and observing other families, I felt as though I was caught/trapped on the wrong side of a thick glass window.

I was a troubled, confused kid. Angry and rebellious in search of love and acceptance.

MY PATERNAL GRANDPARENTS

After the divorce, Mom was determined not to get "sick" again. There was often talk (in French) about what a weak person my mother was. I resented this insult to injury. Staying healthy would prove to her in-laws that their son was the culprit behind her mental illness. They disagreed. Well, at least Grandma Mimi did.

Dad never paid alimony. Mom's friends encouraged her to take him to court. She just wouldn't do it. I knew she lacked the emotional strength required for this challenge. Money was always an issue with us. There just never seemed to be enough of it. I used to dream about coming into the sum of a huge amount of cash, then secretly depositing it into Mom's checking account. Then all her worries would be over, or so I thought.

Our home was somewhat run down. My grandpa would come and make home repairs. I loved his visits. He brought enormous amounts of produce from his garden. I often ate carrots while he was unloading them from his trunk, even before they were washed. Sometimes Grandma Mimi accompanied him.

On one rare occasion, all three grandparents slept over at our house. Early one morning, before anyone else was up, Grandma Flora and I were lying in bed, talking. I asked my grandma Flora why she didn't marry Grandpa.

"Why, he has a wife, your grandma Mimi."

"Yes, but I don't like her" I admitted. "She only likes Kay and Joanie. But you love us all."

"No that's not true," she maintained.

I told her she was mean and that I didn't like her. What I didn't realize as a kid was that from the next room, Grandma Mimi could hear every word I was saying. Grandma Mimi was teary-eyed the entire day. Every time our eyes met, hers were watery. I didn't realize that she had overheard our conversation that indicated I felt only the slightest concern for her wellbeing.

Because Mom had had one baby after another and was frequently admitted to the state mental hospital, my grandma Mimi and grandpa took Kay and Joanie, my younger siblings, from birth until they were five years old. My grandparents loved them as if they were their own children. (Years later I often thought my grandpa loved Kay and Joanie so dearly because nothing in their nature resembled his son.) So I imagine it was only normal that they had a special place for them in their hearts. My grandpa called Kay "Pumpkin." He never called me that. I was extremely jealous and searched for a way into his heart. I supposed it was just natural for them to feel special affection toward them. Grandma Mimi would often sew beautiful outfits for them. I would sometimes wear them, but, upon discovery, was promptly ordered to take them off.

"But I want pretty clothes too" I would say.

These pleas fell on deaf ears. During her visits, Grandma Mimi would inspect me before I went out the door for school. She would check to see if I had their undershirts on. I loved the warm undergarments, especially on those subzero winter days. If she discovered the undershirts she had purchased for either of my siblings, she would march me upstairs and supervise me until I had taken them off. She marked them with a few stitches of red thread. I simply took the scissors and removed her markers. I could never convince her that they were mine. I learned to sneak out of the house before she could scrutinize my apparel.

Visits from Grandpa were highlights. We all clamored for his attention. We all wanted a place on his lap. But Grandpa couldn't possibly hold all seven of us, try as he may. Usually, he had Kay on one knee and Joanie on the other. I rarely had a place on his coveted lap. Once I think he held five of us while sitting in our big rocker, but that lasted only five minutes. *If I could just get Kay out of the way, I may have a chance at his lap.*

I loved climbing trees. The higher the better. Kay had her strengths, but climbing trees was not among them. Getting her up was relatively easy, but back down required patience.

"Finally!!!" I had found an incredibly useful vulnerability.

I thought I had devised the perfect plan. The next time Grandpa came for a visit, I took significant effort to assist Kay up the tree. I took my time, keeping an eye on the driveway awaiting Grandpa's arrival. We sat halfway up in the tree; I couldn't manage to get her any higher. She was frightened.

"Don't worry, Kay," I soothed her. I promised to help get her back down.

When Grandpa and Grandma Mimi pulled into our driveway, I hopped down out of the tree in seconds. Leaving her with careful instructions, I reassured her, "You can do it!"

When she realized I was leaving her, she broke out into sobs. I ran to Grandpa, trying to rush him into the house. Unfortunately, what never occurred to me was that Grandpa could hear Kay's pleas for help from the driveway. Grandpa walked back to Kay's rescue and helped her step by step out of the tree. Kay stopped crying long enough to explain that I had left her there. Grandpa scolded me. I had lost my shot at Grandpa's lap that day and for a long time afterward. I just had to find a way to his lap.

GRANDMA FLORA CALLS

We were required to wear navy blue knee socks or navy-blue tights as a part of our school uniform. In our household, it was sometimes exceedingly difficult to find a pair of socks or tights without a hole. So often, I just would wear them with holes or backward to hide the holes. It felt uncomfortable in my shoes, but to me, it was worth it. When Grandma Flora was with us, she was constantly darning and trying to keep up with the mending and washing. Sometimes she apologized for not having the exact shade of darning yarn. I didn't care what color she used; I was so proud to wear the mended tights. For me, it told everyone who saw them that there was someone at home that loved me!

Once, after spending time at my beloved Grandma Flora's home, the jolt of chaos upon returning to our house caused me to completely lose my balance. At Grandma Flora's house, everything was neat and orderly. If I needed tape, I simply went to Grandma Flora's desk, pulled out the second side drawer, and like magic, there was the tape. At our house, no one knew where the tape was.... if we even had any! I found this so very, very distressing that for weeks I couldn't go to school. Mom seemed to understand and told me I could stay home as long as I needed... that I should let her know when I was ready to go back.

Often, when Mom was in the hospital, my beloved grandma Flora would take care of us. I remember her discovery and surprise while she was getting us all washed up for bed. She learned that Mom never washed us up. Grandma Flora mastered/understood the situation by explaining that we were old enough and capable of washing up on our own. Sometimes I did.

Grandma Flora never permitted us to eat in bed. Once I snuck carrots up with me and hid them under my pillow. I knew I should wait for her to go back downstairs before eating them, but for some reason, I just couldn't resist. Grandma Flora heard the crunch, caught me, and gave me a good scolding. She slipped my carrots into her apron pocket and went on to wash up the next kid, Gary. She marveled at how dirty his ears were. She announced that his ears were sooooo dirty that they could grow a garden of vegetables.

She declared, "Why look! Your dirty ears grew carrots."

She took one from her apron pocket and held it up for Gary to see the proof, His eyes grew wide with astonishment. But then, he noticed that they were already peeled and insisted for that reason it couldn't be true. We all enjoyed and laughed over this story for years to come. And immensely enjoyed every time it was retold. When Grandma Flora was with us, things were good, and life almost seemed normal. We didn't have many bright spots in our daily life, but she always had a way of turning the ordinary into the extraordinary.

We kids spent a lot of time playing outdoors. There were many children in our neighborhood. We often played together until dusk. In the summer that was quite late. I loved it when Grandma Flora would call us in for the night. It almost sounded like a melody when she would call out our names in order of birth. We would come running home.

When Mom was home, but out drinking, there was no one to call us in at dusk. One family after the other got "called" in. There we were, left as the last family out. We could stay out as late as we wanted. But somehow, without all the other kids, it just wasn't any fun. We went home to an empty house and just ate whatever we could find. Usually, it was Cheerios.

As a child, I found it painful to be the last and only family left out at dusk. I longed to get called in as the other mothers did for their kids. So, before any other families got called in, I would interrupt our game or play, tilt my head in the direction of our house, and claim; "Mom's calling. Time to go home."

The other kids often said, "I didn't hear anyone calling."

I just explained, "Well, I have particularly good hearing."

I would round up my siblings and lead them home. Our older sister never played outside with us. She was either at a friend's, at the library, in her room, or babysitting someone else's kids.

When we all got inside someone would say, "Hey, what's the big idea? Mom's not even home. We could have stayed outside."

I never explained myself. And the others never pressed the issue. It felt wonderful to get called in.

I felt whole and respectable when I was with my beloved grandma Flora. I was loved and cherished. Being at her house was like stepping into a whole different world. A world I longed for. She always saw the best in everyone. Often, she spoke it out. Once at church, she remarked rather loudly what beautiful hair the young lady in front of us had.

I told her, "Grandma Flora, she can hear you."

That's all right," she replied. "There's nothing wrong with telling the truth and complimenting someone with such beautiful hair."

The young lady turned around and beamed a big and bright smile into my grandma Flora's face.

Grandma Flora always knew the right thing to do and say. Her word could be trusted and relied on. Grandpa was like that too. How we kids loved and cherished every moment with them.

04

Can it get Worse?

WHO AM I?

I have always known that God is perfect. That everything He does is good and right. But try as I may, I just couldn't figure out how He had made such a blunder by making me a girl. It did not compute. Because deep in my heart, I knew that I should have been born a boy. That's who I was. A boy. And not a girl. Everything about me was a boy. The only part that was amiss was my body. I had a girl's body.

I loved playing with my brother's toy cars and trucks in the dirt in our backyard. In many of our early pictures, I am seen holding a toy car.

Left to right. Aileen, Linda, Denise, Gary, and Kay.

I never understood the allure of playing with dolls and pretending to be their mother. One Christmas I received a "Jane West" doll complete with her horse and all the accessories. This was the first "doll" I ever enjoyed. Once I shocked Kay, my sister, by telling her, "I'm not really your sister. I'm a boy in disguise."

That adequately described how I truly felt. But I wasn't prepared for her reaction. I thought she would understand. She broke down in tears and was frightened. I found words to soothe her, convincing her that I was only joking. Inside, I had revealed to my closest sister how I truly felt. I also felt confused. How had God made such a stupid error?

I have always liked my name. Denise Michele. My family is of French descent and is immensely proud of it. One day, in conversation with my beloved grandma Flora, we were talking about names. She disclosed the fact that she was responsible for naming me. She told me that she intervened and insisted that I receive a girl's name.

"What? Why didn't Mom or Dad name me?" I wanted to know.

"Well, your dad had a name all picked out for his son. You were to be a boy and not a girl. He was determined and insisted on giving you a boy's name. So, I stopped him."

In anger, he had said, "Well then, you name her."

"So, I did," she explained.

Years later, this bit of information would prove unbelievably valuable. But at that moment, it was a considerable jolt. I deeply loved and trusted my beloved grandma Flora. I knew she would always tell me the truth. I was glad she just "happened" to mention it. She had no idea why I deeply despised wearing dresses and having my hair tampered with. My deep-seated knowledge of God's blunder was shared in part only with my closest sister. A mystery I often contemplated.

Why do children want to please their parents? Even when dads are wrong?

AFTER THE DIVORCE

Before the divorce, Dad used to cut the grass. After the divorce, no one cut our grass. Dad took the lawn mower with him. Two doors down lived an exceedingly kind neighbor. He allowed me to borrow his hand push-mower. Neatly cut and trimmed grass gave me one less thing to be ashamed of. Later my youngest brother bought a lawn mower with his own money. He built up his clientele in our city, cutting grass for money. He also began to cut our grass.

One night, after a babysitting job, the husband drove me home. I told him to stop at our next-door neighbor's house, claiming it was our home. He asked if I were sure and repeated the question twice.

"Yes," I lied. "Let me out right here, this is our house."

He must have understood my shame and stopped the car. I walked up our neighbor's sidewalk and headed for the backdoor. I waited for him to drive away and then walked behind the house to my back door. The run-down condition of our house was such an embarrassment to me. How I longed to live without shame.

After school, sometimes a friend would come to our house. I found it so embarrassing when once at school I overheard her describing to another classmate the qualities of "Captain Crunch" cereal.

"Yes, it stays crunchy when you walk across Denise's kitchen floor," she said. "It goes crunch, crunch, crunch!"

SHAME AND HUMILIATION

With no one doing home maintenance our house began to show serious signs of neglect. Grandpa did what he could, but it just was never enough. I used to pray for white aluminum siding with black trim. While visiting my hometown later in my adult years, I would view this house with a sense of gratitude and pride: it was finally the answered prayer house I had longed for it to be. Yes, even white aluminum siding with black trim.

*

Once after the divorce, when we were all quite young, Mom was sick again. She had a terrible chest cold, maybe even pneumonia. She called us all into her bedroom and told us she would die with her Lord on Good Friday. We all began to cry, accepting her word as fact. After the shock of Mom's soon death wore off, we realized we needed some sort of a plan. It was decided that each child would go to their respective "God-parents." I felt such a sense of relief as my beloved grandma Flora was my Godmother. As the days wore on, Mom's condition didn't improve. She stayed in bed. When Easter came and went, we realized, at least the older ones, that Mom's condition was not just physical. I wouldn't be living with my beloved grandma after all. I would be staying in this madhouse. I felt an enormous sense of guilt over my disappointment.

*

I used to pray that God would restore my parents' marriage. I don't remember what prompted me to share this with Mom, but when I did, she started gagging. She looked as though she would vomit. Stunned at her reaction, I questioned her. I thought I had found the perfect solution.

"Don't ever pray that again!!!" she demanded. "I thank the Good Lord every day that I'm free from him!"
Just the mention of Johnny caused her to retch. I saw her point. I then began praying for her to meet a good man.

Mom decided to see other men after the divorce. One evening, she was getting ready for a date. A genuinely nice and fine man came to our house. He was very polite and kind. He had a heavy British accent. I approved of him the moment I met him. He wasn't like some of the drunks my mom spent time with. He behaved like a real gentleman. While Mom was getting ready upstairs, I struck up a short conversation with him. I liked him. A man willing to take a divorcee out on a date knowing she has seven kids is a brave man. I could certainly picture my mom having a future with this guy. I built this image in my head and without thinking it through, I asked him if he was considering marrying my mom.

The next day, after the date, Mom sat me down for a little talk. She asked me what her date and I had talked about the previous night. So, I told her. She was extremely upset. She told me that she really liked him, but that I had scared him away with the marriage question. I was only trying to help, and now any possible chances she had of a relationship had vanished. I was so sad at my blunder, and so was Mom.

After that fiasco, my mom had a boyfriend called Larry. He used to take us out to the woods on walks. I never really liked him because he was a drunk and had no class. One night, he invited us all out for dinner. I chose not to go even though Mom tried her best to persuade me and coax me. He bought my oldest sister, Linda, a miniature western-style wagon lamp. Oh, how I loved that lamp! But I would never admit that to Mom. Mom said, "If you'd had gone with us, Larry might have bought you one, too." I stuck to my opinion; I was not to be bought with a lamp.

One day Mom asked me if I could accept him someday as my stepdad. I told Mom; NEVER!!! What I had in mind for Mom was not a drinking man. A good and wholesome man. Not Larry. Shortly after this, she stopped seeing him. Again, I had botched her chances at happiness. Years later I realized what a mess I had made.

MOM STARTED TO DRINK

After the divorce, Mom began to drink. She would tell us she was going grocery shopping. Days later she returned without the groceries. The cupboards were often bare. I would walk to the pub she often frequented. Seeing our car parked out front, I knew she was inside. I would go inside and try to persuade her to come home. She was not happy to see me. She told me in no uncertain terms to leave the premises. She was even impolite. But still, I would go to the bars and try to reason with her, try to persuade her to come home. Then she began going to other pubs. I would walk to every bar I thought she might be at. Search the parking lot and hunt for our car. Sometimes I found her. But never did she agree to return home with me. Then she began leaving the car at home. She would stay gone for days and days. We just found ways to make do without her. These were hard dark days for us kids. For all seven of us. I was the second. My sister was only nineteen months my senior. Only eight years passed between my oldest sister's birth and the birth of our youngest brother.

I used to write my mom notes and hide them in places she could find them. It went something along these lines:

Dear Mom,
I love you very, very much. But if you don't stop drinking, I will never love you again.

Your daughter,
Denise

Years later, she confided that she would find them at the most bizarre times and would break down crying. These notes never seemed to have the slightest impact, but I kept writing them, desperate to find a way to make her stop drinking.

Sometimes in the middle of the night, I would hear Mom come home. At first, I would be so happy…until I heard the hissing and popping sounds of beer cans being opened. At times she was not alone. Occasionally the smell of steaks and onions drifted upstairs. We had frequently gone without groceries in her absence. Now she was frying and eating steaks with who knows who.

I was back to being angry. She was back, but I had to share her with beer and whoever was downstairs. In the morning, I would go into the kitchen and dump any leftover beer I found down the drain. I did learn, though, to check for any loose change hidden in the couch or between the cushions. Sometimes I found a small fortune. I kept my discovery to myself and hunted for coins when no one was around.

Mom also had her good days. During them, life seemed almost normal. She would stay home, really go grocery shopping, and cook meals for us. Unfortunately, these were sporadic and one just never knew what would happen next.

I always ached for something as a kid. I wanted my mom to be happy. I wanted her to have a good life. This desire didn't seem unreasonable. Yet, it was unattainable. Month after month. Year after year. No happiness in sight for Mom.

A MAN'S TIE

I took a sewing class when I was in the eighth grade. Our first project was a man's tie. I was so proud of my finished product. Our teacher told us we should give our tie to a man we loved. She told us it could be anyone: our dad, our grandpa, a relative, a neighbor, or a friend. But to someone we loved. I made my decision. I would give my tie to my grandpa. I loved him. He never hurt me.

I took my tie home, washed, and pressed it as my teacher had recommended. I got it simply perfect. Then I waited for the joyful day when Grandpa would come for a visit. All three of my grandparents were present that day.

"Grandpa, there is something I want to give you," I explained. "It's a tie I made at school. My teacher told us we should give it to someone we love."

Grandma Mimi became truly angry. "That tie belongs to your dad" she demanded.

"But my teacher told us we should give it to someone we love," I explained.

"You love your dad!" she contended.

I didn't argue with her, but insisted Grandpa have my tie. When I finally placed it in his hands, his eyes looked so sad. I couldn't understand why he looked so unhappy. I had worked so hard on my tie and giving it to him was an expression of my love. I was unashamed of my affection toward him. Throughout this exchange, my beloved grandma Flora sat aloof, was silent and didn't partake in the conversation. She had a look of triumph in her eyes. I didn't grasp its significance, but saw that look of victory. My love and devotion were an undeniable object lesson.

THE TONIGHT SHOW STARRING JOHNNY CARSON

I was up late one night watching "The Tonight Show Starring Johnny Carson" (1962-1992). In that show, an African American lady was introduced. We didn't have any African Americans living in our area, and I had never seen one in person. While Dad was still living with us, whenever we saw an African American sing or perform on TV, my dad went off on a rant and criticism would spew out of his mouth like poison. He used to say nasty things like, "They should round up all the niggers and Jews and dump them in the middle of Lake Superior."

"Yeah, but doing so would drown them," I reasoned.

"Exactly!" he would say with a smirk.

I often wondered why he was so against them. When he started to complain while we were watching television, I wished I could tell him to be quiet so I could hear their performance.

But, back to the Johnny Carson show.... She began her talk in a soothing, sing-song voice. She spoke of the hardships and difficulties life could bring. She had my undivided attention. I hung on every word. She spoke about the value of raw dirt. The fact that it wasn't worth much but, over some time, if that raw dirt is put under pressure and withstands it, it becomes coal. More valuable. And coal if put under pressure that is withstood becomes diamonds. She explicitly emphasized the fact that the coal must hold up under the terrible strain. I was mesmerized. I knew I had heard the truth about myself. I would withstand the pressures of life and come out a diamond.

A HOLIDAY IN CANADA

There was a lady named Janis who came into our lives to help us. Mom enjoyed the companionship. I often questioned her motives and frequently analyzed her intentions. In my childish thinking, I found a discrepancy in that she often seemed overwhelmed being with us seven kids. But now, in retrospect... anyone would have been. She did her best to be a friend to Mom.

Once, she piled us kids and Mom into her car and drove us to Ontario. That was a real treat. We seldom went anywhere. Janis's friends had invited us to their home. Our hosts reminded me of Janis, only from my perspective, they seemed much more relaxed around us seven kids. We had a delightful day and at bedtime, they put all of us kids down to sleep on the floor in a spacious den in the basement. We had the whole room to ourselves. Mom told us we would leave late the next day.

I had other ideas. I can't recall when, or how...but I prayed. I spoke to God and asked Him to make a way for us to stay, "on vacation" there in Canada for a few days longer. I asked Him to break Janis's car.

At breakfast, I told Mom that I prayed to stay longer.

"Denise, these people have been very kind to us. We can't impose on their hospitality!" she reprimanded.

Our hostess smiled smugly, her charity adequately acknowledged.

Uninhibited, I announced, "I prayed for Janis's car to break down."

Janis's facial expression betrayed her anger. Then she spoke as if I was some kind of hideous monster.

My mom tried to smooth things over, "After all her kindness to bring us here, and she needs her car to go back and forth to work."

She tried appealing to my logic, even scolding me, telling me that was a mean thing to pray, but it didn't persuade me. God understood my longing to be on "vacation" like other families. When school started back up in the fall, I could proudly tell them that we were in Canada on vacation. I knew God would make this all possible. I told my siblings we would be staying. God would work it all out.

Well, late that night we were all packed back into Janis's car. We thanked our gracious hostess, said our goodbyes, and drove off.

My brother Gary jeered me, saying "I thought you said we were staying, Denise. It doesn't look like it."

I was silent. I didn't say a word. On the rural road traffic was light. But when Janis needed to switch off the "brights," she immediately complained that they were stuck. I hoped it was enough "broken" for us to stay in Canada. I could sense a deep concern in her voice.

Mom immediately turned to me asking, "Did you tamper with her car? Did you do this?"

Before I could say a word, Janis spoke in my defense. She said, "She couldn't have done anything. The car was locked up the whole time".

How could she think I had taken matters into my own hands when all along God was working on it for me?

Janis announced, "We will have to turn around and go back. We can't drive like this; we could cause an accident."

Now a holy hush filled the car. My brothers' mocking ceased.

I absolutely loved life at this house. After a few days, our hostess asked me if it was enough and if I was ready to go home now. I nodded my head in agreement. My mom asked where we could get the car fixed.

Janis said, "That won't be necessary; the car will be fine!"

Finally, she understood that I wasn't some kind of fiend, just a kid who prayed a deep wish that God in His goodness saw fit to answer in this unique way.

God has always been important to me. As a child I was full of rebellion. And pain. And confusion. And turmoil. And grief. I could go on and on. I knew I could always count on Him, but I kept Him afar and only let Him out of the box on rare occasions. I had enough people in my life bossing and influencing me. I was unruly, stubborn, and defiant. Rather unmanageable, even for God?

ME, MYSELF, AND I AND SIBLINGS

Selfishness has always come quite naturally to me. Looking out for number one. Myself. Growing up, I was an eyewitness to Dad's malice. Unpleasant habits come easily. He constantly looked out for himself. I stole, lied and cheated with no remorse. My moral compass desperately needed calibration. I went to confession regularly, but never owned up to everything. I realized those priests knew exactly who I was, so why should I come clean? And why should a priest have access to classified information of all my sins? He sometimes asked if that was everything I needed to confess, I often lied, then asked God to forgive me for lying to the priest. That was a sin, too. I told myself that next time I would tell the priest everything. Sometimes I did.

We were all quite independent, self-sufficient and self-reliant. I wasn't cruel like my dad; I loved animals and would never cause them harm. I loved the outdoors, it was my great sanctuary. But deep in my heart, I knew I had dark streaks that stained my soul.

My younger brother, Gary, (the third child), developed nervous habits. He would grasp tiny bits of his t-shirt in his fingers and twist them in circles. This caused his t-shirts to have little holes speckled across their fronts. Grandma Flora never scolded him for this and tried to love him to soundness. I never shared a room with him but learned by overhearing Grandma Flora tell someone that the only way he could fall asleep was by tossing his head back and forth. This always made me feel so sad as if he could spin the dark memories out of his heart like the centrifugation stage of a washing machine.

Once Dad took him hunting. With Dad's assistance, Gary had a deer in his scope, and Dad kept telling him to pull the trigger.

Gary just said, "Look at his beautiful eyes. I can't kill him, Daddy."

Dad was furious. When they returned home, he told everyone that Gary was not a man, but a wimpy girl. Gary never again went hunting with him. Dad kept saying he would have to wait until the baby of the family, Jeff, was old enough to go hunting. It would take years before he could manage a rifle.

Kay, my younger sister (the fourth child), the one I had coaxed up the tree before Grandpa came for a visit, was different than me. We shared a room, and I dearly loved her. She simply had no conniving bone in her body. I often pondered this phenomenon. She was kind and compassionate, caring and thoughtful. Kay was truthful and terrified when I tried to teach her to steal from stores. She was different, and I wished with all my heart to be like her. Years later we both discovered why we were so unlike.

My beloved grandma Flora sometimes described us kids as a bunch of wild Indians. I suppose in many respects we were. For example, when I proudly tried to give Grandpa one of my school pictures, he refused by explaining, "I don't want any pictures of you with scratches and cuts on your face. Go without fighting with your sisters and brothers, and then I will gladly accept one of your pictures."

This proved to be easier said than done.

Sometimes Aileen (the fifth child) would come in from outside crying. Some neighborhood kid had hurt her. When we learned all the details of the offense, we banded together to teach them a lesson.

"After them!" I sometimes shouted.

Mom said, "No, first eat your dinner."

"But Mom," I complained, "then they'll get away and go inside, and we won't be able to 'get' them."

Mom insisted, and I knew it was fruitless to look for the culprit after dinner.

Once my youngest brother, Jeff, (seventh child) along with another neighborhood boy and I broke into an old railroad building. The neighbor boy told us about a nice thick rope that we could steal to create a Tarzan swing in our big oak. The rope was much heavier than the three of us could manage, and we made slow progress.

Soon the police spotted us. The neighbor boy confessed that it was his idea, and they let Jeff and me go. The neighbor boy had to go with them to return the rope. But this didn't deter the neighbor boy. Soon he had found a way to steal the rope and asked me to climb my big oak to create our swing. It was slow going, and I was a bit nervous, but finally managed with the help of the ground crew to select the proper limb and secure the rope. It was a wonderful Tarzan swing and attracted kids from all around the neighborhood.

BOOTSY

After the divorce, Mom agreed to get a dog. We were all so excited. A family, just down the street, was giving away puppies. Linda, the oldest, came up with a clever test to choose the smartest puppy in the litter. She wanted to name her Penelope. However, Mom suggested we name her after her beloved childhood dog, Bootsy! She was a beautiful black lab with a bit of Blue Tic hound. Her name was unanimously accepted because of her white paws. And she proved to be just that, a very smart and wonderful dog. Kay taught her all sorts of tricks. She learned quickly and had a happy life with the attention of us seven kids.

I loved taking Bootsy for walks down to the beach and through the trails in the woods. It was great just hanging out with her. I told her all my secrets, and her large and generous heart kept them all. We were out together in all sorts of weather.

Once, we walked far out onto frozen Lake Superior. I had a brilliant idea. Together we would run away to Canada. I ran home to pack up some food and supplies. I dare not admit it to myself, but deep in my heart, I knew we would freeze out there exposed to the subzero temps. I was determined to follow through with my plan. But then I contemplated the death of my beloved dog. I couldn't bear the thought of her freezing to death, so I ditched the notion.

Bootsy always slept next to my bed. If I had my way, she would have slept "in" my bed. We would begin the night together, all cozy in bed, but then, after a while, she stepped down and curled up on the floor next to my bed. How I longed to share my bed with her for the entire night! But she never made an exception. I suppose it was just as well, Mom frowned upon us being bed pals. Maybe Bootsy remembered that. Once a school gym class accident put me in the hospital for several days. Mom later reported that for the entire duration of my hospital stay, Bootsy hadn't eaten nor left my bed. Mom said afterward, "She was so sad, I didn't have the heart to shew her off your bed." I cherished this news.

I copied the way Bootsy would bend and curl her front paws up around her body. Bending my hands at the wrist under and tucking my arms in the same manner she did helped me feel closer to her. And admittedly, I still have some of that mannerism even today.

Every time we went to the "Tasty Freeze" ice cream stand, I would share my ice cream with Bootsy. She would get one lick and then I. I did my best to hide this from Mom. She felt it was disgusting, but I knew Bootsy loved ice cream. Sometimes Mom got a small cone for her.

Jeff once told me that Bootsy saved his life twice. Once, while we were bathing in the "Hot Pond," the current swept Jeff off his feet, and he ended up face down in the river heading towards Lake Superior. We all stood there frozen and speechless in shock on the bank, unable to respond. That is, all except for Bootsy. She leaped into the river, snatched him by his bottoms and swam to shore.

The other time Bootsy saved his life was when he was crossing the street. He had Bootsy on a leash, and he didn't notice the oncoming traffic. Bootsy did and yanked him backward out of harm, causing him to fall on his back. He told me that at first he was angry, but then when he realized he would have walked into the traffic, he was grateful.

I never told my family about my brilliant idea to run away to Canada. So, indirectly, she, too, saved my life. I loved her more than words can convey.

I strongly believed that God was ever-forgiving.
But that my sins were too great, and my soul too dark.
That I was the exception to His mercy.
Others could find forgiveness, but I had exhausted His kindness.

05

The Rebellion

SUMMER OF 1972

When we were kids, a large group of us sat together on the front lawn of our next-door neighbor's house. We'd play the "my car" game. According to our seating position, we would "get" whatever car drove by when it was our turn. I was thrilled when I would "get" a VW Beetle. That was my dream car. Or we would do handstands, cartwheels, or other amazing stunts. We always seemed to have fun just sitting together or spending time on the front porch.

In the summer of 1972, I had just turned fifteen. My next-door neighbor, Laura, and I used to sit on our front porches. She on hers, while I sat on mine. A girl about our age, but a little older than us, called Vicky, was walking up the street. Laura told me that she was a "bad" girl and that we shouldn't talk to her. Quickly, before the girl reached our house, Laura retreated into her house. I did not know what to think, so I stayed on my front porch. It seemed rude, especially since Vicky was near enough to see us run away. Plus, I was curious, so I stayed.

Everyone in our city knew Vicky's family history. Late one night, her mom was being dropped off when a terrible accident occurred. She was caught and dragged under the vehicle that had just brought her home, down her street to her death. Rumor had it, it was a lover's dispute. Her blood stained their street. We would walk by and gawk at it. I always wondered why the authorities didn't clean it up. Such an awful reminder of that tragic event. Their dad had a drinking problem. He had yellow eyes. I sometimes met him at the local convenience store just down the street from their house. Yes, it was true, he was often stone drunk. We were all frightened of him.

That day, as Vicky was approaching our house, I scrutinized her. I tried to understand what made her "bad." She wore fashionable bell bottom jeans and was barefoot. As she passed our house, she greeted me and kept on walking. After Vicky was gone, Laura came back out of her house. I told Laura that Vicky had greeted me as she had passed by and that she seemed okay. Laura disagreed and warned me to be careful.

The next time Vicky walked up our street, Laura quickly went inside again. I stayed put on my porch. Vicky and I greeted each other and talked some. And then, the next time Vicky walked up our street, she invited me to come over to her house to bake brownies. Laura cautioned me. I saw no harm in baking brownies together.

Vicky and I started to get to know each other and soon became friends. She told me about a new group of people she had met- a cool hippie group. She said they sometimes built bonfires down at the beach. We began walking alongside the shore in search of this group. It was not hard to spot them at night thanks to the blazing fire. When we found this group, we were immediately welcomed. They would sit around the fire, smoke pot, and drink beer. I was a bit leery. I had heard rumors that whenever pot was smoked, orgies took place. It wasn't long until I too started experimenting with drugs.

Vicky told me about a guy she loved. His name was Sam. He was from the cool hippy group. We often walked by his house, but never saw him. She would sit on his front lawn and wait for him for hours and hours. She was determined, and it soon became apparent that he was equally determined not to see her. To me, he appeared to be the leader of this hippy group.

She told me about a dream she had. In her dream, we were all at the beach partying around a bonfire. Vicky saw herself walk into the water. She just kept walking. A few nights later, she did walk into the dark, chilly waters of Lake Superior. I tried to stop her. But it was as if she was in a trance. I told the others from the group about her dream. They all said she was just doing it to seek attention. They told me that she would soon turn around and return to the shore. They were right. Vicky stopped hanging out with us. She was so angry at Sam. Soon we no longer had the freedom to meet at the beach. The police began pestering us. Because of the drugs and minors in possession of alcohol, we had to be careful where we met.

That autumn I began high school. I was nervous and insecure. In time though, I found my way and settled into life as a first-year student. I joined the gymnastic team. My main disciplines were the horse and the trampoline. They had recently reinstated the trampoline in competition. I enjoyed being part of the team. It gave me a sense of identity and belonging. And... I was good!

In high school, students were categorized into four different groups:

- The Freaks (the hippy group who loved to party and do drugs)
- The Jocks (athletics and those on sports teams)
- The Nerds (IT and intellectual group)
- The Misfits (didn't belong to any group)

If someone belonged to one group, they were rejected by the others. One had no dealings or affiliation with the other groups. Everyone knew what group they and others belonged to. I belonged to the jocks group and was proud to be a part of that group. Our school had clear rules and guidelines on drugs, alcohol, and smoking. If anyone was caught in any of the above categories, they would be immediately dismissed from our team.

Smoking was prohibited on school grounds. Sam and his group of friends found a way to bypass this rule by meeting at the borders of school property during breaks. They called this place "The Gate." It was a fire department access road with a gate that was normally locked shut. He often encouraged me to join them there. I knew that if I was ever caught smoking, that would be the end of my gymnastic career. My jock friends cautioned me… and encouraged me to give up smoking. They had no idea cigarettes were not the only thing I was smoking.

I excelled at the trampoline and soon entered into interscholastic competition. I did have an embarrassing problem, though. Every time I bounced, I lost urine.

This was extremely embarrassing. I had no explanation, it baffled me. Years later, I realized that the sexual abuse had done its damage. But the damage was not limited to physical. I yearned for love and acceptance. I had an insatiable appetite for adventure and new experiences.

These are often indications, signs and symptoms which reveal when someone hasn't learned to love themselves. Desperate, impatient, reckless living. Taking the shortest route to immediate gratification. Sadly, the unloved aren't aware of their condition or have the means for change. They are simply hungry… but never satisfied. That with which they feed themselves cannot satisfy. And so, I was unaware of my condition.

THE LIE

During my freshman year (first-year student) in high school, I was one day walking down the long corridor that led to the girl's locker room. My gym teacher, Ms. Larson, shouted, "Hey, you! The boy's locker room is on the other side of the gym."

I turned to see who she was talking to and kept walking. "Yes, you! Turn around…now!" she demanded.

I turned in search of the boy that would have such audacity to walk down the passageway to the girl's locker room. Our eyes locked, and I froze. Teens passed on my right and left. They did their best to hide their embarrassment for me, but I saw it in their faces. I was shocked as I realized that she was speaking to me.

"But, Ms. Larson," I stammered, "I'm a girl."

She, too, was appalled and abruptly turned and exited the passageway. Later that day when I returned home, I stood in front of the mirror analyzing my appearance. I couldn't blame Ms. Larson. I had on my little brother Jeff's sweatshirt and a unisex bowl haircut.

I stood there, analyzing my reflection in the mirror for quite some time. Closely examining my exterior didn't bring me closer to understanding my interior. There was a certain guy I felt very attracted to. Would he find my boyish look appealing?

I decided that I should stop wearing my little brother's clothes to school even if I genuinely liked them.

Once, my grandma Flora asked me why I never wore skirts or dresses.

"Because all those kinds of clothes look ridiculous," I replied.

"Oh, you just haven't found the dress that's right for you," she explained. "The next time you go downtown, why don't you look in that section of the store and see if there's something that appeals to you?" she said encouragingly.

I decided to consider her advice. When I went downtown, I bought a dress that I liked with my savings. It was so different from the used clothes that hung in my closet. I choose a pink dress that had delicate and intricate lace.

My grandma Flora paid compliments every time I wore that pink dress. She said that I looked like a cupcake. She was a wise woman.

She also encouraged me to learn how to bake and cook. I had no interest.

She admonished me when I wore tight jeans. "You won't be able to have children if you wear such tight jeans. It damages your female organs," she warned.

"I don't want to have kids, so it doesn't matter," I responded.

I didn't want to have kids. Growing up in a dysfunctional family left me with no desire to have a family of my own.

I hadn't forgotten, deep in my heart, I was still very much aware of God's terrible mess up. I was to be a boy. It's not something I often pondered; it was just something that I knew. I felt confused, if I were inwardly a boy, then why did I feel attracted to boys? It baffled me. And because I couldn't solve this quandary, I just let it drift.

I decided to quit the gymnastic team and joined the freaks group. This meant that I left and turned my back on all my jock friends. They were loyal friends. Everyone knew the rules and how to play by them. I was so obsessed with wanting to be cool and accepted that I sold myself short. My new freak friends were a couple of years my senior, cool and hip people. My taste in clothing changed as well, and I began to dress like a freak. My taste in music also changed. I loved listening to Jimi Hendrix and Janis Joplin. I read Janis Joplin's autobiography and was deeply moved by her life story. She also knew the pains of being ostracized and bullied at school. She was overweight in her teen years and suffered from acne which left deep scars. Other kids would tease her and call her names like "pig," "freak," and "nigger lover." She was also bisexual. I thought that sounded interesting. Why not? What's the harm? I reasoned.

I felt cool to be in the freak group. Sam took an interest in me. I was flattered. He invited me to a party at his house. His parents were away. I wasn't accustomed to drinking and was soon intoxicated. He led me into a bedroom. I had no idea what he was up to but enjoyed his attention. I was infatuated. What he did to me hurt. If this meant that he would care for me, I was willing to endure the pain. He didn't care. Soon I understood why Vicky felt so betrayed.

Sam and I had an odd relationship. I thought I loved him. Although we never discussed our relationship, the truth was we didn't have one. It was convenient for him. He had a reputation and was true to it. I accepted our unspoken arrangement. I couldn't bring myself to intimacy in a sober state, but that never seemed to bother him. Often, he would ask me if I was "ready." By that he meant if I was drunk enough to not care. I sold myself short, wanting to believe that I was wanted and desired. Although I knew he didn't love me, somehow what we had was enough. Like Vicky, he was using me. I was a thing that was used. I had truly little self-respect and foolishly accepted this unexpressed agreement. He took advantage of that.

Sam was my first "boyfriend." However, a boyfriend would be an inaccurate way to describe him. There was no real "friend" in this relationship. But I was too naïve to see or face that. Almost like someone willing to accept a counterfeit, this odd arrangement seemed better than nothing at all. I should have recognized that people who only take and never give are not true friends after all. How I longed for genuine and authentic friends.

My group of friends hated and despised authority. We coasted on the tail end of the hippy movement. I embraced and accepted their values without having a reason to do so. Their animosity became mine. We hated the police and referred to them as "pigs." I just accepted the group's values as my own. I simply believed what they believed and hated what they hated. These were not my feelings, but I soon accepted them as my own anyway. If you give "hate" an inch, it will take a mile.

LYSERGIC ACID DIETHYLAMIDE (LSD)

I experimented with every drug imaginable, everything from marijuana to heroin. Cocaine was my favorite. Some of my friends were shooting up. I was intrigued and curious. This frightened Buffy, one of my closest friends. Buffy did her best to steer me away from this "shooting" crowd. I went on LSD "trips," and from some, I feared I might never return (come down again). This was a legitimate concern. Several people in our group had overdosed on LSD and were never the same again. They blew their brains out. I wanted to take enough to make my "trip" wonderful and amazing... just as long as I returned. Once, three of us selected a secluded forest in the dead of winter as our site to trip. Together we took the drugs, but after they took their effect, we each wandered in separate directions. I could hear one of the guys calling upon God for help. He was in trouble, but I was drifting in a whole different direction. Each of us were stumbling and staggering in our little worlds. This was not a pleasant trip. The drug was cut with something awful. I wished to be sober... but knew I would just have to wait it out. I was trapped in a nightmare, hoping to return to sanity. After we came back down and regrouped, I asked the guy that had called out to God in his fear what he experienced and why had he called upon God. He blatantly denied it... but I knew what I had heard, stoned or not.

All of this "fun" was taking its toll on me, but I didn't have anything to lose. I was reckless and wild. Always searching and yet never finding.... Only those that feel they have no hope and future are willing to toss it to the wind and see where it might lead them.

LARRY

Buffy had a boyfriend called Larry. Larry had a sailboat and attempted to teach us how to sail. He also taught us how to play poker. Larry was into all sorts of things: the black arts, the occult. He offered to read our tarot cards. I was open to experiencing new things and looked forward to this. My sister, Kay, went first. He had a lot to forecast. Many unpleasant things. Shocking as it was, years later we realized that every event and thing he described happened exactly as he predicted. Then it was my turn. I was very eager. He was disturbed when he looked into my cards and refused to tell me what he saw. I begged him to explain. He told me one day I would do damage to his kingdom. I was confused. What was he referring to?

He told us all about the black masses that he held and how exhilarating they were. I told him I was in. Just to let me know when. He converted his garage into his "mass room." I was excited and ready for a new adventure.

As he began, he went around the room, "sensing" and "feeling" the atmosphere. He told us there was a presence in the room that wouldn't permit him to continue. Someone was blocking the path to progress. I was wondering who the culprit was and how he snuck past Larry into this gathering. He stopped in front of me.

"You need to leave," he said. "You are the 'one.' You're too good. You can't stay."

I was deeply disappointed and argued with him. "Me? Good? What a joke! There's nothing good about me. I'm a bad girl," I contended.

Argue as I may, there was no convincing him. He made me leave. I was angry and deeply disappointed.

Years later, looking back and reflecting on this event, I realized someone (God) was looking out for me, protecting me.

One summer, I spent several glorious weeks alone with my beloved grandma Flora. When I returned home, I discovered that Linda and Gary had participated in a seminar called "Transcendental Meditation." I was furious. TM was in my opinion a cool and hip thing to do. All my friends thought so, too. I felt as though my mom had tricked me; baiting me with time with my beloved grandma Flora seemed unfair. I was told that it was because they only allowed two from a family and that the others needed this far more than I did. I was open and searching in the direction of Buddhism and Hinduism. I had Catholicism shoved down my throat until I thought I would vomit. I had no interest in anything related to the church. Again, in retrospect, someone was watching over me, protecting me against opening my heart wide to this kind of "meditation."

SOPHOMORE YEAR

In my sophomore year, all my freak friends graduated from high school. This left me high and dry.... very, very much alone. Many of my previous jock friends wanted nothing to do with me. Although I was alone, I was constantly supplied by my friends with drugs. I was high most of my high school days. I don't know how I managed to graduate.

There was a weird girl at our high school. Her name was Susan. She was always making a scene. She had blonde, kinky hair, dressed like a nerd and had no manners or class. One day, I overheard people talking about her, and how she had changed. She had become a Christian and what a difference it had made. She used to approach me to tell me how much Jesus loved me. I hurled abuse at her swearing and using very vulgar language. But that never stopped her. She kept coming back, telling me how much God loved me.

One day in particular I was very violent in my speech as I swore at her.

She said, "I bind you in the name of Jesus."

I tried to continue my verbal assault, but I couldn't speak. I kept trying to speak but was unable. I turned around and walked away. From that day on, Susan had my respect, and I never spoke with Susan ever again. She had some sort of power in her life, and I decided to stay as far away from her as possible. If the truth is told, she frightened me.

SOCIAL SERVICES

As long as Mom took her "medication" she stayed mentally healthy. Sometimes she would express the desire to be med-free. She was concerned about what would happen to her if due to some unknown or unforeseeable catastrophe, her medication became unavailable. She didn't want to be dependent. This led her to experiment. The results were always disastrous and quite tragic. She was then admitted to the psychiatric ward of one of our city's hospitals. This was far better, having her in our city and not in the state mental institution which was a two hours' drive.

We kids were forced to face the fact that Dad was not the "only" reason Mom got sick since he was no longer a part of our lives. We saw him maybe once a year. This was a painful pill/fact for me to swallow. I protected my mother whenever I could, even in my assessment of her mental health.

Once, while visiting her in the PWGH (psychiatric ward in general hospital), she told me she was a grand pianist and asked if I would like to hear her perform. Kay had briefed me before our visit; there was no way out of having to hear her "play." It was extremely painful, the discordant noise of her banging on the keyboard. Nothing in her performance was melodic. I struggled with my composure. To see her this way left us all in an incredibly sad state. Facing the facts is hard when you're a kid. The long walk back home to the other side of our city was a sad and solemn procession. Schizophrenic was a word I came to hate.

Mom had her good phases when she took her meds and stayed sober. This was seldom the case. We had to manage the best we could on our own. My beloved grandma Flora was getting up in age. She couldn't always come to care for us, and we were able to care more or less for ourselves. Social services, however, saw it differently.

A teenage girl, not much older than we were, was sent to help us out. She would boil spaghetti and pour ketchup over the noodles. She called that cooking. We siblings agreed when we rejected her "cuisine." When I made my argument to social services and complained that she was no help at all, they agreed to let us cook and care for ourselves. It was a relief to be rid of her.

Saturday mornings were cartoon time. We would all watch cartoons in our pajamas. Then, after the best programs were over, I would start cleaning. I never gave my siblings jobs as my older sister had attempted before she moved away to Chicago. But one by one they came to me and asked for a "job." We kept the washing machine running and cooked our meals. Somehow, we managed.

Given our dire situation, many different people came into our lives to help us. Once, two Vista workers came to support Mom. They were authentic, and we all loved them. I think it was a program organized through the university in our city. Their names were Kathy and Martha, and it was a sad day in our household when this program was concluded. Another time, there was a woman named Pam who came to help us. I never really liked her. It seemed that her heart was not really in what she was doing. She was from the Catholic church. She gave me a book to read. It was called "The Cross and the Switchblade" by David Wilkerson. Angerly, I threw it up into the built-in bookshelf in our living room. I never looked at it again. Years later, I would come to know the ministry David Wilkerson founded through the experiences described in his amazing true story.

MOM ENROLLED IN THE LPN PROGRAM

When I was a sophomore in high school, my mom enrolled in the licensed practical nurse (LPN) program at the university in our city. Her brother, the rich dentist/oral surgeon, paid her tuition. Mom had previously worked as a nurse's aide in a retirement home. She was naturally gifted as she loved caring for people.

She had made some lifestyle changes. She began going to Alcoholics Anonymous (AA), lost a lot of weight through Weight Watchers and was attending Catholic mass regularly. Mom did not attend our parish church, but at the church on the other side of the city where the kind and wise priest presided (the same priest that had counseled and helped her have the courage to divorce Dad). The church was called St. John's. For the first time in my life, I saw my mother happy and beautiful.

She began taking good care of herself, applying makeup and dressing well. She cooked, kept the house and took her medication. She would sing in tongues while doing her housework. Her face would glow with joy. I would ask her, "What is that you are singing?"

She would reply, "I don't know. But I'm praising my Lord." I knew what crazy looked like, and this was far from it. This was good. I was so happy for my mom.

I was immensely proud of her. A 37-year-old divorcee with seven kids enrolled in university. Finally, her life took on a new turn. She made new friends at university. One of them was Mayra who was also enrolled in the LPN program. They would study together. Mayra lived quite a distance from the Uni and commuted every day. Sometimes Mom let her stay with us. We had enough space in the house. Soon Mayra moved in with us and went to her parent's home only on the weekends. Something about Mayra puzzled me. Something didn't seem quite right about her. Soon she moved out of the spare bedroom and into Mom's room.

Mom sometimes scolded me if I walked into their room without knocking. She didn't appreciate being interrupted whenever she and Mayra were studying. Soon, Mom installed a lock on the inside of their door. I found this all rather puzzling.

One day, I picked up a book she had left on top of her dresser. It was called "Lesbianism in the Catholic Church." I scanned the contents of the book to see if the Catholic church was in favor or against being a lesbian. It was in favor.

Then one sad day, I saw them kiss. I needed further proof. One night, I snuck up to their door and just listened. I was devastated. My own dear mother… I was no longer a fan of Janis Joplin and her bi-sexual lifestyle. I wanted the best for my mother, and Mayra was not it. For years I had prayed that she would meet someone wonderful, fall in love and remarry. That someone good and wholesome would take care of her. Sometimes she needed someone to do that. She deserved it after all she had been through. I started to notice that the beautiful glow that had brightened her countenance was slowly fading away. And she just didn't seem as happy as she was before she met Mayra.

My siblings didn't believe me when I told them that Mayra was a lesbian. They thought I was crazy and didn't listen to my concerns. But I knew what I had seen and heard. This discovery filled me with anger and sadness. It wasn't what I wanted for my mother.

Mom's relationship with Mayra caused me to reassess how I felt about Janis Joplin and her bisexual lifestyle. Now I no longer desired to experiment in this direction. I was no longer open to bi-sexual encounters. I felt deeply hurt and confused.

And yet, from the depths of my heart, I knew I should have been born a boy.

Around this time, I had a very unusual experience. Late one night, as I lay in bed, a blue smoke-like foggy presence floated horizontally crossing the hallway and into my bedroom, floating right through my door. It moved very elegantly. Immediately I "knew" and "perceived" that it came to make me an offer. It was offering me sexual pleasure beyond comprehension, beyond my wildest dream if I would accept and welcome it. Very slowly it came closer to me with its offer.

I was frightened and didn't want anything to do with it. As it came towards me, I refused it. It turned around in mid-air and went out of my bedroom and back into the hallway. I always wondered why it came to me from inside the house and not from outside. It later hit me that Mayra had brought it into our home. That is what I sensed from her.

Interesting that it should have a blue color to it. Blue symbolizes masculinity. Nowadays anyone can wear pink or blue, but that was a day when no man ever wore a pink shirt.

I was puzzled and very frightened. The entire event lasted approximately twenty-five seconds. It didn't speak audibly, but I knew precisely what it was offering me. Pleasure. It was a lesbian spirit. I didn't consider it for one moment. I wanted no part of it. I had no idea such a thing even existed. I was surprised and watched it, rejected it and it left. It never again returned to my room. I believe it lived in our house. Its mission was to make me an offer. Lesbian ecstasy. Pleasure beyond my wildest imagination. If I had not been so immensely hurt by my mother's relationship, I may have accepted it.

I ENROLLED AT THE UNIVERSITY

On my last day of high school, I was talking to two classmates that would be graduating with me in the ceremony that evening. They were telling me all about their plans. They would soon leave for flight attendant school and become flight attendants. This was something I had dreamed about, too. They had applied, were accepted, and enrolled. They had a bright future.

This was the first time I had contemplated my own future. I had no plans, no idea what I would do next. At the age of nineteen, I had tried and did everything I wanted. Everything I thought was an adventure… exciting or risky. Many of the things I experienced left me only emptier and more troubled. I decided to move to Chicago to live with my oldest sister, Linda. When we were growing up, we didn't get along well. But I reasoned that because we were both adults now, we would develop a new relationship. That lasted exactly four months.

I had completely hit rock bottom and decided to move back home. My life was in shambles. I returned home with a very annoying and itchy skin disease and a sexually transmitted disease. My party and drug buddies had long forgotten me. I was no longer a part of this cool and hip group. I asked myself who my true friends were. I was devastated and wounded. I concluded that I wanted only true real friends. I was tired. Tired of getting high. I wanted something that wouldn't leave me sick for days afterward.

Soon, I landed in the emergency room at the hospital with severe abdominal pain. The doctors thoroughly examined me, searching for the cause. They were perplexed and called in a team to consult. Laying there in the hospital, suddenly it hit me. In Illinois, I was diagnosed with Gonorrhea. At Planned

Parenthood, I was given the first pill, but told the importance of the follow-up pill. Back home, I knew where a clinic was that could treat me, but I was too ashamed to go there. That day, I told the doctors that I knew what was wrong. Gonorrhea. Concern left their faces as contempt filled them. I was given medication, but felt broken and hurt inside.

I enrolled in the university in our city and began to study. Since I was good at sports, I thought I could become a gym teacher. I took out a student loan to cover my tuition. I reduced partying and began to apply myself to my studies. One day, my professor who taught "Creative Writing," handed me back my paper.

I was shocked and realized there must be some error.

I walked back up to my teacher and told her, "There must be some mistake. This is my paper, and you gave me an A+".

Confusion filled her face. "What seems to be the problem?" she inquired.

I repeated my statement, "Well, that's my paper and you gave me an A+."

"No, there's no mistake," she said.

"Yes, but it's MY paper!" I insisted.

Awareness filled her face, she said "Listen very carefully to me. I am a professor of English. I have graded your paper. You will never again question my assessment. You have earned that grade. Never again will you question my decision. Is that clear?" she said firmly.

I was stunned. How could this be possible? Me, who was often called "Dumb D..." For the very first time in my life, I got good grades. And that at the university level. I was astonished. No one at the school knew me. I had a fresh and clean new beginning. I was discovering that I wasn't dumb after all. I went partying less and studied more.

I was searching...adrift in life without knowing where I was going or how to get there. Unhappy and disappointed. Every time I got high or hung out with the old druggie group, I felt unsatisfied. They didn't care about me. But I was still so accustomed to selling myself short. The next time Sam drove me home from a party, he asked if I would like to park out in the woods somewhere. I told him no, I needed to get home. Later he apologized. It felt good to stick up for myself. Maybe I was headed in the right direction.

...you fully restore those bent over with shame.

Psalm 146:8 (The Passion Translation Bible)

He heals the wounds of every shattered heart.

Psalm 147:3 (The Passion Translation Bible)

06

The Plan

GROWING PAINS

Mom saw my struggles. She understood the disappointment I felt about my so-called "friends." These "friends" weren't as cool as I thought they were. Not being true and loyal was decidedly not cool. I longed for true and real friends. Mom often told me not to put all my eggs in one basket. She meant I should have diversified friends. She was right. But now, it seemed too late. I had never felt so alone and abandoned.

Mom invited me to attend church with her at St. John's. At first, I declined. But she was persistent. So, I agreed. Father Moncher said the Mass. He was that same priest that had helped Mom years ago. I would walk into the church my normal self. But after Mass, I would leave the building and take something living with me. The words he spoke were somehow alive. It was as though his words contained a living substance that entered me. I didn't understand what was happening.... but it was good. I experienced joy, peace, and a beautiful sense of contentment.

Mom would say, "Now do you see what I mean?"

Yes, I understood that Father Moncher somehow knew God like no one I had ever met before. And he was sharing this God with everyone at mass. During his homily, he explained that we could pray to God the Father through Jesus his son. So, I pictured a little invisible Casper-type Jesus and just beamed my prayers through him to God the Father. I also began saying my rosary[1]. Occasionally, I would go out partying and come home a mess, but I knew the importance of not missing or breaking a day in saying my rosary. Sometimes I would tip over off my knees when I was high or drunk, turn and look up to God and giggle my apologies.

One day, in a sober state, as I said my rosary, an image appeared before my eyes. I was surprised, but not frightened. I instinctively knew it was Mother Mary. Then, as if a mask on hinges opened, I saw the face of someone behind the mask. He was evil and hideous and mocking me. From that day forward, I never said my rosary again. God had shown me in a way I could understand what was literally "behind" worshipping Mary. I now realized that I could pray directly to God. I wanted nothing to do with "he" who was hidden behind praying to Mother Mary. I didn't have the heart to throw my rosary away because the Pope had blessed it, but I no longer kept it in my room. I was completely ignorant of Biblical truths.

Despite all my reservations, I kept going to Mass and kept praying to God. God began to meet with me in my room. Just His presence alone brought extraordinary joy and love that flooded my soul. His love was better than any drug I had ever done. For the first time in my life, I knew what complete love, acceptance and forgiveness felt like. I knew what it was to be completely loved by God. So this was what Christianity

---

[1] For those unfamiliar with the rosary. When you "say" (pray) your rosary, you say it every day for 30 days in petition and 30 days in thanksgiving. You may not break this cycle or skip a day. Otherwise, you must start all over again at the beginning of your 30 days. You can ask Mother Mary for whatever you want if you follow these guidelines. Then she asks Jesus on your behalf.)

was all about. I was so filled up with God's love that I found it unnecessary to speak. All I could do was smile and bask in His love. His love would hit me in what was like waves of liquid love, over and over again. It is exceedingly difficult to describe, and words could never do His love justice.

It felt as though every single cell in my body was vibrating with His love. I would lay on my bed talking with God and tears of joy would run down my cheeks, spill into my ears, and trickle down to my pillow. I was constantly being flooded and could not contain it all. And yet I was still ignorant and continued to do drugs and party. I felt terrible every time I would slip. I didn't think I was addicted but was ignorant as to how to live the Christian life.

I did well in school but was racking up bills I didn't know how I would pay. I wanted to become a gym teacher but was not completely sure of this career path. My sister, Kay, had an after-school secretary job at the US Army recruiter's office downtown. I asked her to bring some brochures home. I considered military service to pay for my university tuition fees. I planned to serve three years in the military and figure out what I genuinely wanted to do with my life. In this way, the GI bill would pay my university tuition.

I flew to Fort McClellan, Alabama for basic training and entered the army. I enjoyed the physical challenges of basic training and excelled. No task was too difficult, no training too rigorous. There was no time or opportunity for drugs or parties. We had to adopt a no-sugar diet as part of a strict regimen. It felt extremely good to be working out, eating right, and getting enough sleep. I was enjoying the life of sobriety. I was extremely physically fit and in my prime. I passed the "Level 10" physical testing program and was awarded special

recognition. During my training, I was frequently approached with lesbian offers. My fascination for Janis Joplin was over, and I wanted nothing to do with such a relationship. I grieved the loss of my mom's joy that once radiated from her face. I somehow knew that her lesbian lifestyle was connected.
All the professions that interested me in the military had a long waiting list. I didn't want to put off my enlistment waiting around. The options that were available for me were: a cook, a truck driver or an aircraft electrician. I received my training as an aircraft electrician in Fort Eustis, Virginia. Although it wasn't a typical profession for a woman, the work was fascinating.

My first assignment took me to Korea. I excelled in the army and was awarded a "Certificate of Achievement." It felt good to be complimented and appreciated, something that was new to me.

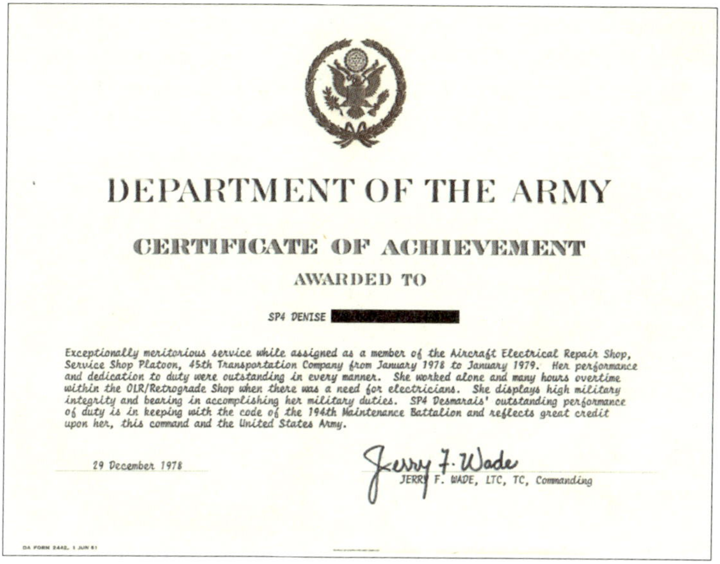

DEPARTMENT OF THE ARMY

CERTIFICATE OF ACHIEVEMENT

AWARDED TO

SP4 DENISE [redacted]

Exceptionally meritorious service while assigned as a member of the Aircraft Electrical Repair Shop, Service Shop Platoon, 45th Transportation Company from January 1978 to January 1979. Her performance and dedication to duty were outstanding in every manner. She worked alone and many hours overtime within the OLR/Retrograde Shop when there was a need for electricians. She displays high military integrity and bearing in accomplishing her military duties. SP4 Desmarais' outstanding performance of duty is in keeping with the code of the 194th Maintenance Battalion and reflects great credit upon her, this command and the United States Army.

29 December 1978

Jerry F. Wade
JERRY F. WADE, LTC, TC, Commanding

DA FORM 2442, 1 JUN 61

SOUTH KOREA

Once I got settled in South Korea and into military life, I began looking for a church. I was not so concerned with the denomination. What I was looking for was the same kind of living words I had experienced through Father Moncher at St. John's back home. I attended many church services, but they were all dry and dead. Nothing living. So, I stopped looking. And I also stopped praying to God and fell back into my old lifestyle. Drugs and guys were plentiful. We habitually went off base to clubs and danced and partied the night away. I often had a bad conscience. I just didn't know how to live differently. I often told God I was sorry and felt true remorse. Then I asked Him to give me a teacher. Someone who could explain to me how to really know God and live right.

During my military stay in South Korea, I befriended a woman who appeared lonely. She was obese, had noticeably short sandy blond hair, and invested little effort in her appearance. I did wonder how she stayed in the army with such strict health guidelines. Then one day she told me she was a lesbian and invited me to deepen our relationship. She said that if I were interested, I should just keep coming around. I dropped her like a hot potato. I wanted nothing to do with this lifestyle. I still felt so hurt and upset by my mom's loss. The joy that had once so visibly shone from her face was gone. All my life, one of my deepest desires was to see my mom happy. For a brief period, she truly was. Then very slowly I saw that joy fade from her face and life.

This break in our relationship did not go unnoticed by some of my colleagues.

One guy scolded me, "What kind of a friend are you? You were her only friend and now you've dumped her."

I said nothing in my defense. Time passed and this same guy repeatedly reprimanded me, so, I told him the whole story. He stopped criticizing me.

OLR/6TH SQUAD

I was assigned to the 45th Transportation company on Camp Humphreys in Anjeongri, South Korea. We belonged to the 197th Maintenance Battalion, 19th Support Command.

My squad was responsible for installing new systems, such as "fire detection units" or new radios in outdated aircraft. We were OLR /6th Squad. I genuinely enjoyed my job, and, if necessary, worked overtime to meet deadlines.

Our sergeant was responsible for organizing aircraft into our hanger for modifications. There were weeks and weeks where we simply had nothing to do. He had not done his job, so we could not do ours. To keep busy, we would give the hanger a good sweep and re-organize supplies. I wanted work, and when interviewed by our company commander, said so.

When word got back to my sergeant that I had complained about not having any work, he punished me by assigning me to the weapons depot. I had no idea, though, that it was punishment. He simply told me that if I wanted work, he was assigning me to two weeks of cleaning duty with the M-16 weapon.

When I reported to duty the following Monday, the sergeant in charge asked me what I had done to deserve this assignment. I still hadn't understood that I was being punished.

The M-16 rifle was the same rifle I learned to fire, disassemble, and clean while in marksmanship training during basic training. That had been so long ago I couldn't remember how to disassemble it. The sergeant at the armory gave me a refresher course, and in no time, I was cleaning tens of rifles per day. I disassembled, cleaned, and reassembled so many rifles during those two weeks that I could practically do it with my eyes closed.

Shortly thereafter, my unit was scheduled for its annual marksmanship qualification on the M16 at the firing range. Every soldier after returning from the shooting range was required to clean the rifle they had used. About a dozen guys were seated with me around the long rectangular table. We were given all the supplies needed to clean our rifles. Within seconds, I disassembled my M16 and began cleaning it. When

I looked up for the first time, I realized they were all staring at me. Not one of them could remember how to take it apart. Should I share my secret with them?

As I cleaned and polished my weapon, I noticed they were not making much progress. They turned it every which way, trying to remember where to start. I relished the moment and kept working on my M16, waiting. Finally, someone spoke up and asked for help. The others looked on as I skillfully disassembled his M16. It was my small moment of glory. I decided to let them in on my secret. They were all relieved as we chuckled together.

*

While in Korea two momentous events occurred. The first was my mom's degree at the university. In July of 1978, Mom graduated with a bachelor's degree in nursing. I was so immensely proud of her. Now she could have a successful career, devote herself to caring for others and forever be off welfare, able to stand firmly on her own two feet.

But then that same year in October, late one night, an unattended pan caught fire. The back of our house was in a blaze when the fire department arrived. The damage was primarily limited to the back of the house, but the rest of the house suffered severe smoke and water damage. My siblings stayed with family. Mom received a generous insurance check, sold the house, and moved out west.... alone... abandoning my siblings.

It felt odd, knowing there was no home base to come back to. I was sad that all my personal belongings that I had stowed away at the house were also forever "gone." Among them were my precious photo albums and skis as my old room and storage area was above the charred kitchen.

*

I immensely enjoyed learning about Korean culture. I enrolled in a Korean language course and tried all sorts of delicious Korean food. I also had some Korean friends. One of them didn't enjoy accompanying me to the clubs but invited me to church with her. I couldn't understand or follow the church service, so I soon stopped attending with her. I knew she was praying for me, and we were genuine friends. Her name is Mi-Suk. I wish there were some way to get back in touch with her today and thank her for all her prayers.

FORT BENNING

My next military assignment took me to Fort Benning, Georgia. My unit was folding, and all our aircraft was scheduled to go to the National Guard. A friend of mine encouraged me to apply at "Shop 4", a division at the airfield that was staffed by civilians. That sounded great. No standing in formations or having inspections.

I got the coveted job and began working in the instrument shop. My new boss, Charles, was a middle-aged, semi-bald, wiry man. The remaining hair that circled his head was white. He was always neat and cleanly dressed. He was friendly and polite and spoke with a southern accent. He was the supervisor of the instrument shop and was widely respected. Not only was he a very smart guy, but he had a lot of humor. I felt safe around him.

On my very first day at my new job, he began telling me about God. I thought to myself, either this guy is crazy... or what he says is true. Over time I discovered that he was not crazy. Charles took a genuine interest in me. He had no hidden agenda, no ulterior motives. He simply and genuinely loved me. His love was pure and authentic. Never before had I experienced such unconditional love. Like dry ground, I soaked up and basked in his love and attention.

This photo of Charles and me was taken in May 1979 in the instrument shop that he managed.

Every day he would go deeper and deeper into the truth about God as he shared his first love with me. We often listened to Christian radio programs. I learned to trust him, and I believed what he told me.

On the weekends, I would go out driving in search of his church. I always felt that I would somehow sense it if I came across it. The only thing I "found" was my way back to the barracks after getting repeatedly lost and often stuck in the red Georgia mud.

One day at work I mentioned my week-end quest. He simply said, "Why didn't you just ask me where it is?"

Charles never pestered me to come to his church, but patiently waited until I was ready, until I asked.

When I attended his church for the first time, I was surprised that the interior seemed so empty and bare. No statues of saints or the beautiful heavenly paintings I was so accustomed to in the Catholic church. I don't remember what the pastor spoke about but, at the end of the service, an invitation was made. Those that chose to respond were invited to come down to the front. I practically ran down to the altar. A counselor joined me and asked me what my prayer need was. I told her that I didn't know. This coming down to the altar was all so new to me.

"Well, then why did you come down front?" she asked me.

I told her I had no idea, but that I simply had to obey the compelling I felt.

She smiled, comprehending the situation, then said, "Oh, you need Jesus."

I agreed and we prayed together. I didn't sense anything spectacular or feel anything spiritual, but I knew I had made the right decision.

I used to smoke two packs of cigarettes a day. So many times, in my past I had tried to break the tiresome/annoying habit. All to no avail. Charles knew I wanted to quit smoking. One day, we discussed it. He asked me several particularly good questions and asked me to take my time and consider my answers.

"Do you think smoking cigarettes is good for you?" was his first question.

My reply was "No."

"Do you think God wants you to quit?" was his second question.

"Yes," I answered.

"Do you think He can help you?" he asked.

"Yes," I replied again.

Charles advised me that when I was alone in my room back in the barracks to take time in talking to God and ask Him for His help. I carefully followed Charles's instructions. With all my heart I asked God for His help.

When Charles asked me how it was going, I confided that I was a nervous wreck, and that I didn't think I could do it. He told me "Every time you want to have a cigarette and feel as though you can't quit, say inwardly to yourself, 'I can quit because God is helping me'."

This advice was wiser than his first suggestion. He told me to repeat this to myself every time I had the urge to smoke.

It doesn't matter how often you want one he explained, just say it every single time the urge rises. I did this faithfully, even though I felt like a nervous wreck. After two weeks, the desire to smoke completely left me. I was dumbstruck! I was amazed! In the past, I had repeatedly unsuccessfully attempted to kick the habit. Once it lasted two months. Another time two weeks or two days. But always that nagging urge and addiction continued. But now, this time, "It" … was completely gone! I was so amazed and so incredibly grateful. I knew God had indeed helped me break the habit. I realized this could work in any area of my life: Asking for Him to step in and help in what He already so greatly desires to free anyone from.

I was free from cigarettes, but still had the nasty drug habit. Any time I came to work high, I felt so extremely guilty. I always believed Charles knew. (Years later he told me he had no idea.) It wasn't until I received the baptism in the Holy Spirit that stability and power came into my life. I invited God to fill me with His power to live a Christian life. He also gave me a prayer language that is referred to as "Tongues" in the bible. Never again did I take another drug or have inappropriate relationships with men.

*

After I became a Christian, I came to realize and see the many ways that the Lord had rescued me from my old life. He was leading me the whole time, and I had no idea. The first step was getting me out of my hometown and away from my drug buddies. Now I had true, real friends. No one at my new church had any idea of the life I had come out from, and I saw no reason why I should go into any detail in informing them. For them, I was just a new Christian that genuinely loved the Lord.

What never ceased to amaze me was their acceptance. I was accustomed to rejection and often braced myself in preparation for it. That way, when you were prepared, it didn't sting quite as badly. I was prepared, but the rejection just never came. I kept waiting....all in vain. It was such a new and liberating experience not to have to battle on that front. I was a soldier, tough and trained in many areas. My new friends genuinely like me and enjoyed my company.

It became especially important to me to dress well. I was rejected so often as a kid simply due to my poorly clad appearance and sorely lacking social skills. I was ashamed of the stuttering and stammering and habitually held my head low. Now, I often studied other people's behavior and learned appropriate manners. If someone rejected or slighted me when I was well dressed, it didn't faze me in the least, because I felt like I had gotten a fair chance. This rejection I so greatly feared very seldom occurred. This surprised me. I was learning to carry myself in an upright position, and it felt sooooo good.

I met other service members that attended my new church and joined their cell group. I began reading and understanding the Bible. In the past, when I tried to read the Bible, I just couldn't understand it. It wouldn't make sense to me. Now, everything was clear like never before, and I couldn't get enough of the Bible. I decided to get baptized. My life's verse became; *"Therefore, if anyone is in Christ, he is a new creation; the old has gone, the new has come!"* 2 Corinthians 5:17. That was me. God was renewing and changing me, from the inside out. Putting me, if you will, back together again.

I was also getting to know other families at church. After service, four or five families would sometimes squabble over whose house I would be invited over for Sunday dinner. I was surprised at the same time when I heard, "No, she came over to your house last Sunday, so this Sunday it's our turn!" Then they would pause and look at me for my decision. In the past, I often sturdied myself to prepare for rejection. I was so surprised when it never came. The people at this church, Evangel Temple of Columbus, Georgia, welcomed and accepted me.

Whenever the Lord gave me instructions, and I had the good sense to follow them, amazing things would happen. God was including me in on what He was doing, and it made life worth living. This was the most exhilarating, incredible partnership.

*

My church had a prison ministry in a women's prison in Montgomery, Alabama. Once a month we held a church service there and afterward had time for personal prayer and counseling. We were aware of the fact that some of the ladies came to our service simply to be out of their cells, but there were also genuine seekers. I was honored and extremely glad to be a part of this team, knowing firsthand of the transforming power of the Living God. It was such a rewarding experience, sharing life-changing principles with ladies that were ready to turn over a new leaf. I, too, had started over and left my past behind me, being given countless new chances.

*

Through my church, I heard about a part-time position at an army surplus store near Fort Benning. The owners also attended our church. I inquired and got the job. The founder was an older, sometimes cantankerous man. But in time, as I got to know him, I found he had a heart of gold. We became good friends. His name was Jack. I enjoyed the sales work, talking to and helping customers. Sometimes I asked to be paid in knives. We sold top-quality, beautifully crafted, expensive knives. At other times I worked for an airplane ticket back home. My sister, Kay, had married and settled there, her home now became our family's, "home base." Then once I received my honorable discharge from the Army, I began to work full time.

I considered my next step: where I should live. I decided to settle in Columbus, Georgia, not far from Ft. Benning, Georgia. A wealthy member of our church offered me an apartment over the garage on her mother's estate. She lived in one of the wealthiest, most affluent neighborhoods in the city. I now had a sought-after address. Of course, the house number had a ½ behind it, but that didn't faze me in the least. When I had to give my address on a form or in any way indicate where I lived, people's ears perked up and they took notice. This was all very new to me… and I had nothing against it.

One day at church, our youth pastor approached me and asked if I would consider working for a dentist that also attended our church. Yes, I was extremely interested. He had his practice just across the border in Alabama, and the laws there permitted a dentist to train his assistants. I had dreamed about returning to university, but the laws had changed just before I was sworn into active duty, and the recruiter did not see fit to inform me that I had no GI bill, but did have a government savings plan that could be used for tuition. During my military service, I was able to save between $50 and $75 monthly. Uncle Sam doubled these savings, so I decided to cash in this account and not return to university. I enjoyed my job working as a dental assistant, and life was good.

Our church often had mission outreach trips to other countries. When I heard about a mission trip to Columbia, I felt stirred to go. Someone sponsored and paid my way. My boss also went and volunteered his services in dentistry. I so admired the missionaries we worked with and was hoping God would "call" me to the ministry. Upon returning to the States, I shared my disappointment with our youth pastor. He saw things a bit differently and felt that my deep longing for the ministry, was, in fact, a calling.

After much prayer and many amazing confirmations, I decided to go on a missionary assignment. I joined the forces of "Eurasia Teen Challenge" and left for the training school in Germany. Later, I would be assigned to work as a junior missionary alongside an experienced one. Amazingly, this was the organization founded by David Wilkerson, the author of the book I had rejected and so angrily tossed onto the bookshelf in our home many, many years ago. I highly recommend "The Cross and the Switchblade" it's a particularly good read!

The headquarters for Eurasia Teen Challenge in Wiesbaden also housed the training center. Each "student" was required to attend the training program: a ten-week course to equip and train MAPS (Mobilization and Placement Services) workers before releasing them onto the mission field. This included a temperament test called the "Taylor Johnson Temperament Analysis" as part of our training. Each "student" was assigned a mentor to guide them during their training phase. When my mentor reviewed my test results with me, one particular point caused him considerable concern. The results were charted on a graph. A normal outcome was indicated in the shaded areas. On my test results, the category of hostility was so high it was completely off the charts, way outside the considered norm. He asked me about this, if I was an angry person. I, too, was shocked by the results; never would I have suspected anger. One of the directors asked me if my father were a pastor. What, MY dad….?

How could this be possible? Me…an angry person? I was a born-again Christian. Filled with the Holy Spirit. Ready and willing to serve my Lord and Savior on the mission field.

It wasn't an instant revelation, but over time I realized that I was never permitted to respond to the evil done to my mother or us kids. Dad had a saying, "They're my kids, so I can do whatever I want with them" as if we were an item, a thing that could be used however he deemed fit. I had learned to swallow all that hurt and abuse. According to "Dad," it wasn't anything out of the ordinary. Anger was buried, but very much alive, hidden deep in my heart.

Recognizing and admitting a problem is a big step toward solving it. I was confronted and made aware of something that now needed my attention. With the Lord, wise counselors and mature, loving people's help, I began the journey of dealing with this surprise from my past.

I met a noble young man in Wiesbaden who worked in the German department at Teen Challenge. His name was Klaus Breuer. Many female admirers often surrounded him. I was not about to be added to their number.

After my training, I was sent to the Netherlands. I fell in love with the people and country. I was now busy, investing myself in the lives of young people that were trapped in similar lifestyles I had come out from. I applied myself to language study and, to my astonishment, before long I was speaking Dutch. One of my biggest hindrances to stepping out in missionary service was that I was convinced I was unable to learn a foreign language. I had dropped out of French in high school. Some of those old lies were still very much a part of my thinking. God once spoke to me on the subject. He said that if I applied myself, He would help me. And sure enough, He did, and within no time, "I" was speaking Dutch!!!!!

A missionary that had served many terms in the country was assigned as my mentor. Once a month I met with him, and together we filled out our report that was sent back to the States. He was given the responsibility to apply for my visa. He went back to the States on furlough, and I was reassigned to another missionary. Unbeknownst to me, my visa was never applied for. After living in and loving the country for one and a half years and after an ugly court case, I was deported and returned to Germany to complete the remainder of my two-year assignment. That is when my relationship with that popular young German man developed.

If I had traveled directly back to the States from the Netherlands as planned, we would never have gotten reacquainted. Klaus was held in remarkably high regard by the entire leadership team at Eurasia Teen Challenge (ETC). As his girlfriend, my status rose considerably. Many of the female staff had dreamed to be in such a promising relationship with Klaus. This was an added boost to my self-esteem.

During our dating phase, Klaus once asked me if my father was a pastor. I asked him whatever gave him that idea. Was I ever misleading? No. But he saw qualities in me that led him to believe I had come from a good, solid Christian family. He had no idea. Our relationship grew deeper. That's when the Lord began to deal with me about telling Klaus about my past. I knew I owed it to him before we progressed any further in our relationship. So, one day as we were walking along the shores of the Rhein River in a beautiful, quaint, old village, I decided to tell him about my entire past. About my previous promiscuous lifestyle, all the drugs, the sexual and other abuse. Also, about the venereal disease, I didn't know if I could ever have children.

I told him everything. I didn't go into any gory details, but neither did I exclude the facts. I was so afraid of losing him. In my heart I prayed: Oh, dear Lord, if he still wants me after hearing my history, let him pick one of these beautiful roses and hand it to me. We walked the complete length of the rose garden in silence. He kept looking at the roses, but didn't pick one. As we approached the end of the garden, I was having difficulty retaining my composure. Finally, at the very end, he reached down and picked a tiny rosebud and handed it to me. Joy and relief flooded my heart, and tears spilled down my cheeks. Meekly I asked him why he gave me that bud.

He told me, "After you told me about your past, I had the desire to pick a rose for you, but I couldn't find one that was beautiful enough for you."

We were married in Wiesbaden, on December 1, 1984. My entire family was invited. The only visitor present that day from the States was a friend of Klaus's, a pastor from Texas. My dad had asked me why I was marrying a "Nazi". There was no reasoning with him. I was so happy with the love of my life…even my father's cruel words couldn't dampen my joy. When my mom eventually met Klaus, she completely approved of him and was happy for me. She foresaw a good future with him. Klaus was everything Dad was not: kind and thoughtful, dependable, trustworthy, and reliable… an extremely conscientious man. I could go on and on. My heavenly Father had truly given me a gift in Klaus.

Klaus and I both felt the missionary call on our lives. We decided to leave Teen Challenge to prepare for future missionary services. We moved to Texas where Klaus enrolled in Bible school and became the youth pastor at the same church of his pastor friend that had attended our wedding.

Our pastor's wife heard bits and pieces of my story and suggested I get counseling. So, I did. It was exceedingly difficult and painful for me to talk about my past. I wept as he led me through, step by step. He advised me to write to Dad. After I became a Christian, I told him that I forgave him. His response shook me to my core.

He said, "For what?"

I always thought that it was very apparent and obvious, but Dad lived in denial.

Gordan, the counselor, suggested I write Dad three letters. Step by step. Exactly explaining to Dad what I forgave him for and what a relationship on my terms would look like. And even if Dad never understood them/me, it would help me. He explained in depth the importance of why it was essential for me to do all in my power to have an honest, fact-based relationship. Dad never understood the letters. He told his fifth wife that I was mad at him for something in my childhood.

Over two thousand miles separated us geographically, but I lived in fear for having sent the letters. I actually "saw" his face outside my kitchen window. And it was not a loving, caring face. It was his angry face. This was very frightening, and it took all my rational thinking to convince myself that he could do me no harm. I am incredibly grateful that I followed the advice of this wise counselor.

I became unexpectedly pregnant. I told the dentist that I worked for that he was legally required to install a "scavenger system" which prevented the exhaled nitrous oxide, that he so heavily used, to circulate in the operatory. Nitrous oxide (that he so heavily used) can cause severe damage to unborn babies. He set me up, and within a few days, I was fired for a ridiculous reason. He had broken his promise to provide health insurance for both myself and my husband since he was in Bible school. The surprising discovery was that we were now pregnant and without insurance.

I was unhappy in Texas. I had worked so hard in Europe to learn the culture and language that I experienced a severe culture shock in my own country. I was completely unprepared for this. I thought I was just returning to the USA, but, in fact, Texas has a distinct culture that is much different than the Midwest or Georgia. We now had a young son. Klaus took a secular job. All the reasons why we had moved to Texas vanished. I brought this argument to Klaus, and together we decided to move back to Germany.

Our second son was born to us in Wiesbaden. Klaus worked a secular job. I was a stay-at-home mom, but once the boys were in kindergarten and elementary school, I went back to work in dentistry.

REFLECTING ON MOM'S LIFE OF SUFFERING

Profound grief used to engulf me when I pondered Mom's life of suffering. A wasted life. One that could have turned out quite differently. The happiness I always dreamed she would find continually evaded her. After the house burned down, she received a handsome amount from the insurance company. She abandoned my siblings that were still living at home and moved out West. Alcohol and schizophrenia aided her in making many poor choices, living extravagantly and lavishly spending. She was naïve and trusting, unable to distinguish the true from the vulture friends.

Eventually, she moved to Nevada where she worked the night shift in the veterans' hospital. Years later, from her journals, I learned that her colleagues at the veterans' hospital frequently tried to find ways to have her dismissed. Although she was a very caring and loving person, her mental condition did not go unnoticed by her coworkers.

She visited us in Texas where our first son was born. One day, while I was cooking lunch, the baby was laying on a blanket in the living room and began to cry. I asked Mom if she could pick him up.

"You do it," she said.

"Mom, I'm cooking lunch for us," I said. "Would you give me a helping hand?" I asked.

"No, you do it, Denise," she said in a frustrated tone of voice.

I stopped cooking, washed my hands, and tended to my son.

"Mom, you love babies. Don't you want to get to know your grandson?" I asked in confusion.

"Denise, I'm old."

"Mom, you're only 50 years old!" I argued.

"My life is over" she explained.

"No, Mom…"

"But" she interrupted. "I'm old emotionally. My life's over," she said again.

I felt so hurt and confused after hearing that. Was she surrendering to fatigue, to a bent and battered life? I wanted her to rebound, yet she did not seem to have any fight left in her. Only too well did I understand how she felt. The years since I had last seen her had taken an immense toll on her. One look was all it took to see she wasn't well. I wanted desperately for her to be whole, well and happy.

My mom died on the 30th of December 2005. She was only 68 years old. She died a day after my dad's birthday. She died of pulmonary emphysema. She was a heavy smoker all her life and couldn't bring herself to give up cigarettes. She would tell me, "They are killing me, but they're all I have."

We held the funeral in our home city. Ever since the fire, Kay's home was our family's headquarters. We no longer had a home to come home to, but she was hospitable and always welcomed us. My youngest brother told us of Mom's last wishes. He explained that she wanted to be cremated and her ashes scattered over Lake Superior. We complied. So, on that cold and wintery day, after the funeral, we fulfilled her last wish in solemn silence.

Kay had settled Mom's estate and stored some of her belongings in her garage. Mom kept journals. During my most difficult childhood days, she suggested I do the same. She told me to write exactly how I felt and what I was going through and to be as honest as possible. She told me to hide it in a special place to ensure no one would ever read its contents. So, I did. My journal became my absolute best friend, and I confided in it all of my saddest and most hidden secrets. Mom and I had this in common. So, I read all those many journals my sister had brought back home with her from Reno. I read every single word Mom had written.

Mom wrote about a woman with whom she had had a long-term lesbian relationship.

Her words were, "My Lord has made it clear to me. I must choose between Him and her. That I can't have both."

She struggled with this decision, but in the end, chose Him, her true love and Savior. I think I understood why Mom adopted the lesbian lifestyle. She had suffered tremendously, at the hands of my dad, cruel and unusual treatment. She was just a needy soul in search of safe love. A love in which she wouldn't be beaten or suffer barbaric treatment. Mom confided in me once that when she slept with Dad, she felt as though she was sleeping with the devil. What a chilling and disturbing union.

Mom had finally settled the lesbian question. And I was glad for her. And according to her journals, it wasn't what her Lord wanted for her either.

I was happily married, and we had our first child. While pondering my mom's decision, memories of what my beloved grandma Flora had told me years ago resurfaced. I was so grateful for that bit of information, that she had stepped in and prevented Dad from giving me a boy's name. Now, as a Christian, I realized that God most certainly did NOT make a mistake in creating me female. But why had I genuinely believed that lie for the better part of my life? Dad had wanted a son so badly. I have no memory of him explicitly communicating to me that I was to be his son. His deep longing had somehow lodged itself in my soul. Somehow, this longing for a son penetrated my consciousness, and I aligned my identity with his wish. It became who I thought I was. This life "LIE" that had so caught me in its grip was now losing its hold. I came to realize that God hadn't made a terrible mistake after all in creating me to be a girl. I didn't feel in touch with my femininity, but gradually, the truth gained more ground in my heart and thinking. I accepted the fact that God is perfect in all his ways, and what He had decided was the absolute best and right. So, God was right, and Dad was wrong, I concluded. How was I to undo all those years of wrong thinking? It didn't happen overnight, it took years. Today, it's such a relief to know and embrace the fact that inwardly and outwardly I was designed by my Creator to be a woman.

Also in retrospect, I am so grateful that I didn't accept the blue, smoke-like fog spirit that offered itself to me. I have come to believe that had I accepted this spirit, I may have been in for one of the biggest battles of my life in discovering my true identity. I am not a lesbian, nor do I wish to be one.

I had had so many offers and opportunities in the military to engage in lesbian relationships. I am grateful to this day, to proudly say I know who I am, and who God has created me to be: His girl!

MARDI GRAS

One year, when my eldest son was in the second or third grade, he decided he wanted to dress up at school for Mardi Gras. In the past, he simply wasn't interested in wearing a costume to school. When his classmates asked him what he was dressed up as, he would say, "I'm a private detective."

This year was different. This year, he wanted to be "Batman." With ample time on our hands to shop, we went to one store after the other. They were filled with all kinds of costumes and uniforms for this occasion. However, a Batman costume was not among them.

Given this situation, "You could be a cowboy or a police officer" I suggested.

He wouldn't budge from his choice. He was determined to be Batman.

"Mom, you could make me a Batman costume" he insisted.

"But I don't know how to… I wouldn't know where to begin," I explained.

"Mom, I know you can do this." He was adamant and convinced that I could design a Batman costume. It sounded so simple, but I knew it was over my head.

"No… I can't, I am not able," I finally told him.

This kid so strongly believed in me when I honestly didn't believe in myself. I wasn't even willing to try. I was told so many times how dumb and stupid I was; this lie was still alive and buried somewhere in me.

He would not relent. Finally, I agreed to try. But I warned him not to get his hopes up. I didn't want to make promises I couldn't keep.

He reassured me, "Mom, I know you can do it!"

He was so happy to be getting his prized costume. His joy and confidence spurred me on.

Well, I guess I could at least give it a shot, I decided. I asked God for help.

When I finally finished sewing the costume he was thrilled beyond measure. He loved it. And I must admit it turned out very nicely. Many of his classmates wanted to know where he got it from.

He proudly told them "My mom made it."

Some of his classmates even asked him if I would sew one for them.

"No! Ask your own mom to make you one," he said firmly.

Some of the mothers approached me and asked me how I had sewn it, so I explained how I had done it.

He played in that costume for years and years to come, enjoying being Batman. His friends who came over after school to play, and all wanted to wear his prized costume. Sometimes, he even let them wear it. I was so amazed at what I had created. All it took was for someone to believe in me.

I came to understand that I wasn't an idiot after all. And I also learned that God, too, believed in me. My eldest son was in the habit of leaving me notes much like I had done as a child. His notes, however, took on a whole different tone. One of them said, "God believes in you and me." It was true. God believed in me. Truth is a wonderful thing to embrace. Becoming who God always meant for you to be is an amazing and fulfilling thing.

A quite simple thing, but something that I always treasured as an enormous gift from God, was the fact that our boys always referred to Klaus as "Papa." I never had to hear the words "Dad" or "Daddy." If, by some chance, I did happen to hear that word, it sent shivers down my spine and set me back momentarily as a helpless victim.

When our eldest son was around eleven years old, he said, "Mom, we don't need what you never had, we just need normal."

Man, he nailed it! He always had a way of clarifying things. He went straight to the heart of the issue. I had never shared my painful past with the boys. What had caused him to come up with that? He knew I was trying and doing my best, and maybe trying just a bit too hard to give them a good childhood. The one I never had.

Once I complained to the Lord because I felt like a raw egg that someone had thrown down onto the sidewalk. His answer surprised me. "I didn't create you to be so fragile. I made you like a rubber ball. Yes, you have been hurled down, but you bounce back up." He had put all the broken pieces of my life back together and made me resilient. He had imparted something of His nature into me. He left no room for self-pity and wanted me to see myself as hardy, buoyant and tough.

This was taking time, reprogramming my identity. Then I had a dream that I will never forget.

THE DREAM

I brought myself to the hospital. On my own initiative, I went upstairs and searched for a room with an empty bed. I got into a hospital gown and crawled into bed. Nurses came and went, busy with their duties. No one found me out. But as my stay prolonged, I became increasingly nervous, especially when doctors came into my room. I knew I had gone about my stay in completely the wrong way. Not getting properly admitted to the hospital and taking matters into my own hands. After a while, my guilty conscience got the better of me, and I realized that there was nothing wrong with me; I didn't belong there. So, I decided to get dressed, repack my bag and just leave. Before I left my room, shortly before I was finished with all I had intended to do, a doctor came into my room. He took a good look at me and asked if I was leaving. I weakly responded with a simple, "Yeah." He just nodded with understanding. He had a clipboard and pen in his hand. He told me I would just need to sign something. He handed me an object, and I knew I would be signing myself out. Instinctively, without needing to understand my actions, I just squatted down on the ground and signed my name in the sand. I rose back to my feet, handed the doctor back his object. At that precise moment, I knew that he was Jesus.

God was in this dream. He was settling the issue, once and for all. Jesus looked deeply into my eyes, with understanding and love. He wanted me to move on. Walk away from this hospital. Although I can't delete all those painful memories, I can choose to live today and not in my past. Have you ever heard the nursery rhyme, "Humpty Dumpty"? It goes like this....

Humpty Dumpty sat on a wall,
Humpty Dumpty had a great fall.
All the king's horses and all the king's men
Couldn't put Humpty together again.

Humpty is portrayed as an anthropomorphic egg. "The King" has put me back together again. He can do what no other can. It's because He's God, in the business of restoring lives. If we allow Him.

I don't know where you are in your spiritual journey. But I can tell you this, at the age of nineteen, I had tried everything I thought this world had to offer. I was searching, but never finding or satisfied. I was empty and dry. But when I moved in His direction, He met with me. With those eyes of love and understanding, He wants to meet you where you are, and take you to where He is. To a place of safety and security. To a place of unconditional love.

When I ponder my life today, there is so much I am grateful for. Never can I forget where He brought me from…even if I wished to.

After thirty-eight years of marriage, I can still boast that Klaus is dependable, trustworthy, and true to his word. He is conscientious, dependable, honest, and responsible. He is the man of my dreams, and I want to grow old with him. My two sons never experienced the horrors that I endured in my childhood. Due to the redeeming power of the Lord Jesus Christ, the vicious cycle has been broken. Assuredly, the next generation will have its own set of challenges and tests, but restoration has come to my house and will continue to get passed on, down to the next generation.

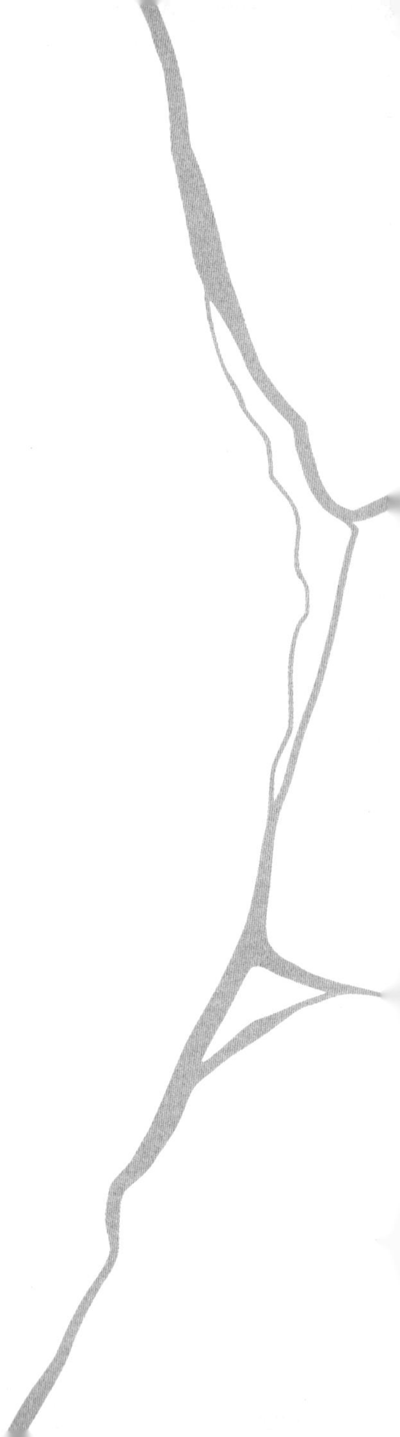

PRESENT DAY

I can proudly say that today I'm a grandmother of four beautiful grandchildren. My sons are married, have good jobs, beautiful homes, and good relationships with their wives. Klaus and I are both retired, and we enjoy the good life. Like wine, life gets better as we age.

Klaus und Denise Breuer

Klaus Breuer

Denise first came to Eurasia Teen Challenge (ETC) in Wiesbaden, Germany in October 1982.

She was one of many seminar participants from the US and European. After an intensive 10-week training, they would be assigned to a Christian (youth) work in Germany or abroad, usually for approximately two years, in missionary service and/or in a drug rehabilitation center.

I took part in a similar course in the summer of 1979 and began to work in May of 1980 in various departments at ETC.

Except for some persons who were in leadership positions, the staff at ETC and the seminar participants were primarily young adults between the age of 20 to 30, and typically single. Like me.

I immediately noticed Denise because, unlike some of the other singles, she was pursuing the purpose of her stay in Wiesbaden. She was unobtrusive and focused on important and valuable things, with seriousness and integrity, and she wasn't distracted.

Denise didn't seem preoccupied with getting better acquainted with her male colleagues and the staff, - I thought, under no circumstances is she also looking around for a possible partner. (Where else should Christians find a spouse if not in Christian circles?)

Furthermore, in addition to what has already been mentioned, I had the following impression of Denise:
She has an undamaged personality, has her past and present completely "under control", and she certainly comes from an intact, loving, Christian upper-middle-class family.
Everything about her seemed good, correct, and as it should be and everything appeared to be in order! - I thought!

So much for my knowledge of human nature!

But so much for God's desire, His possibilities, and His ability to heal people completely, to change them, and to make something new, successful, and valuable out of broken people.

You have read it on the previous pages!

Denise Breuer

So often I wished I could simply erase all the bad memories. I wish there existed a tool to never allow my thoughts to drift to bad recollections, back to my past life. But maybe there is a positive side to those memories. Just maybe… they are sturdy reminders of God's fervent love for His children. Reminding me of where God brought me from…comparing my "normal" life today.

In Luke 15 we get a glimpse of how Jesus views lost things. The coin, for example, never lost its value. Maybe it was low, lost down in some dirt. Jesus wants to reach down and lift you like that coin, close to His heart as He did for the lost sheep and carry you home with Him. Accept the fact that He is different. He is trustworthy and gentle. And loving and kind. He wants to remove the muck which could never define who you are.

When I contemplate where I have come from, and where I am today, gratitude fills my heart. I never want to forget all the many things He has done for me.

He has helped me heal from a difficult/painful childhood. From unstable parents fighting their demons of sexual/ physical/verbal abuse, alcoholism and mental illness. Recover from my own poor choices, tangled in drugs and alcohol. Promiscuous. Rebellious and angry.

He wants to relieve others that are presently in the same mess I was in.

There is hope. God always had a plan for your life. Okay, maybe you got off course. And did dumb stuff. There is forgiveness. And with God, there is always a fresh start. Even if the new fresh start occurs over and over again, like with me. It's called Grace. His love and grace are so good that it was hard for someone like me to comprehend. But it's true. It's all true. God loves you just as you are. You don't have to first do all the messy hard work and then hope for His acceptance. He takes you as you are and is willing to do the hard, messy work for you. Your part is to let Him.

When His love came flooding into my life, I realized that all my life I had misunderstood Christianity. Okay, I will admit that some institutions and Christians are to blame, but when we look into the Bible and turn away from all the religious mess, we begin to see clearly how much God loves us.

I am sorry if you are hurting. I know what it's like. Jesus is also sorry. It was never His plan. People are absolutely free moral agents. They are free to hurt or to love. And just why doesn't God step in and stop them? And prevent all of the evil and suffering in this world? It's because it's true: we are free. Not puppets.

Let's not blame God for what people have done. I forgave. And I was set free. I didn't know I was carrying such a heavy load until it was lifted off me.

You are worth all the terrible atrocities that Jesus suffered. That's why He did it. Freely willing. To offer you forgiveness. Today I can honestly say I am a Christian, and I use as much cocaine as I want to. Do you know how much I use? Zero! My free choice. I no longer have an appetite for counterfeit. Ever since I have tasted the real. And He is delicious, wonderful, and better than any drug you could try. He is the real thing you have been searching for.

Invite Him into your life. Get a Bible. Get into a good church. You will be amazed at what God is willing to invest in you and help you along the path in life He always intended you to travel!

God loves you.

JESUS,

I have sinned against You and against people. Please forgive my sins and help me to forgive those who have hurt me. I want to forgive those who have hurt me and who have caused me great physical or emotional pain.

I place myself in Your hands knowing that You are the only true and living God. You are the only one, God, who is able to heal my soul from all abuse. I trust You!

I believe that You died on the cross for my sins and that You rose, live, and will come again. Thank You that I have eternal life through You because You love me so much.

I give You my life, my body, soul, and spirit, my past, my present, and my future. Lord Jesus Christ, please make me a new creation. Strengthen my faith and give me a new spirit and a new heart. Fill me with your Holy Spirit and the love of the Father.

I want to trust You from now on and I want to live by Your word. I want to be Yours!

Thank You for washing me from all sins with Your blood. All that I am and all that I have, I place in Your hands. Please lead my life.

Amen.

Denise Breuer

I would like to express my deepest thanks and sincere gratitude to a remarkable woman who made this book possible. She had confidence in me and deeply believes in making my story and similar stories known. Her motive is an unpretentious and unselfish desire to help those who are suffering and in need.

I met Tabitha Hess on a "Fasting-Hike-Retreat" in June of 2020. Among other vocations, she is also a medically certified fasting leader and health advisor. There, on this retreat, she heard bits and pieces of my story. She asked me to consider writing it. What she didn't know was that I had always had this desire. But, due to a whole string of surgeries, or should I say, ascribable to the impact the general anesthesia had on my creative ability, I had abandoned this dream. She, so to speak, resurrected this aspiration.

She unwaveringly believed in me and assisted me in every way that I needed. Her help always came in the right way and at precisely the right moment. Teamed together with her close friend, Susanne Hoehle, (trauma specialist) they supported me with prayer, reassurance, and backing in every stage of the development of the manuscript. Without these two women and their help, the book you now hold in your hands would never have been possible.

I would like to thank Rubina Chandnani for editing the manuscript. Rubina has experience editing scientific research papers, so, her willingness to give it her best is very greatly appreciated.

It is with great pleasure and affection that I thank my second editor, Sue Mulhern. Her sensitivity and care brought the work you hold in your hands to its best possible form. She deeply loves and is thoroughly dedicated to her Lord and Savior. I always knew my story was safe in her care. From the depths of my heart, thank you, Sue.

Finding the right translator proved to be an exceptionally difficult task. A mutual friend recommended Petra Hinojosa. After reading the manuscript over Christmas, early in the New Year Petra shared her decision with us. We were all deeply relieved and very grateful when she agreed to support us in this way. Petra, we are and remain very thankful for your generous work! May God richly reward you.

Klaudia Wagners' reputation and Tabitha's enthusiasm were more than adequate to convince me we had found our German Editor. Although I have not had the pleasure to meet Klaudia I remain forever grateful for what she has done for the German version of my story. Everything Tabitha has said about you and much, much more is true. You are an amazing editor and I remain very grateful for your professional work. Thank you sincerely.

I have always wanted to tell Mom's story. To bring to light the saga that she suffered in secret silence. Admittingly, this is more mine than hers, yet her tale is told briefly in my own.

I would like to thank Klaus, my husband, for being by my side and for all his love and support during this journey of life. I would like to thank my two sons for bringing out the best in me and for the privilege of being their mother.

And, of course, I am eternally grateful to my Lord and Savior who brought us all together. He is the great mastermind who is always working behind the scenes. In addition, He skillfully used this writing process to promote further healing in me.

Thank you, Lord!

Contacts for those seeking advice

Global Teen Challenge
Life support for mentally ill and addicted people

info@teenchallengeusa.org
teenchallengeusa.org

The Salvation Army International
Harbor Light Center programs

www.salvationarmy.org

Heart Sync
Pastoral care model, from different therapy approaches for inner healing

www.heartsync.eu
www.heartsyncministries.org

Ellel Ministries
A non-denominational Christian ministry, offering personal prayer, train and equipp people so that they can help others more effectively.

www.global.ellel.org